Sebastian von Peter, Antje Wilfer, Andreas Gervink

Recoveryorientierte Gruppenarbeit für Menschen mit Psychoseerfahrungen

Ein Non-Manual

Prof. Dr. med. Sebastian von Peter ist Oberarzt an der Psychiatrischen Universitätsklinik Rüdersdorf der Medizinischen Hochschule Brandenburg.

Antje Wilfer ist psychiatrieerfahrene Dozentin und Referentin.

Andreas Gervink ist Fachpfleger für Psychiatrie und leitet den Bereich Psychiatriepflege am St. Hedwig-Krankenhaus, Charité in Berlin.

Sebastian von Peter, Antje Wilfer, Andreas Gervink

Recoveryorientierte Gruppenarbeit für Menschen mit Psychoseerfahrungen

Ein Non-Manual

Sebastian von Peter, Antje Wilfer und Andreas Gervink

Recoveryorientierte Gruppenarbeit für Menschen mit Psychoseerfahrungen

Ein Non-Manual

Psychosoziale Arbeitshilfen 36

1. Auflage 2019
ISBN-Print: 978-3-88414-566-1
ISBN-E-Book (PDF): 978-3-88414-960-7

Bibliografische Information der Deutschen Nationalbibliothek
Die Deutsche Nationalbibliothek verzeichnet diese Publikation
in der Deutschen Nationalbibliografie;
detaillierte bibliografische Daten sind im Internet über
http://dnb.ddb.de abrufbar.

Weitere Bücher zum Umgang mit psychischen Erkrankungen unter:
www.psychiatrie-verlag.de

Lektorat: Katrin Klünter, Köln

Umschlagkonzeption: GRAFIKSCHMITZ, Köln

Umschlaglayout und Umschlagfoto, Typografiekonzeption und Satz: Iga Bielejec, Nierstein

Druck und Bindung: medienHaus Plump GmbH, Rheinbreitbach

Geleitworte

Zuerst: Was ist Recovery, und was ist Psychose?
Zwei große Begriffe.
Für mich bedeutet Recovery, »zu sich selbst zu kommen, sein Selbst (wieder-)zu finden«. Und für sein Selbst Verantwortung zu übernehmen. Psychose beschreibe ich als einen Zustand, in dem sich ein Mensch in einer Wirklichkeit befindet, die anders ist, als die seiner Umgebung, oft nicht mitteilbar. Ich gehe davon aus, dass es Gründe dafür gibt, wenn jemand die Welt anders – psychotisch – übersetzt, sich nicht mehr verorten kann, beziehungsweise eher sehr einsam verortet. Das kann sehr qualvoll und angstbesetzt sein. Aber auch wenn dieser Zustand von Betroffenen als bewusstseinserweiternd und inspirierend erlebt wird, ist das Zurückkommen in die normale Welt schwer. Oft führt eine Psychose zu einer Einweisung in die Psychiatrie, weil die Situation für sich selbst und oder für die anderen nicht mehr *aus*-haltbar ist.
Ich habe Erfahrung mit Psychose und langjährige Erfahrung mit der Psychiatrie. 1970, bei meinem ersten Psychiatrieaufenthalt als Jugendliche, sprach man noch nicht von Recovery, sondern deutlich und unmissverständlich von Hirnstoffwechselstörung und Unheilbarkeit. Ich wurde mit den damals üblichen schrecklichen Neuroleptika behandelt und verlor dadurch die Reste meines Selbst. Ich wurde von der Verantwortung meiner Krankheit freigesprochen. Ich war damit als jemand, die in ihrem Leben selbst Regie führen kann, ohne Wirkung. Es war zwar nicht meine Schuld, sondern die von kranken Prozessen im Kopf, aber dafür haben andere sich das Recht genommen, über mich zu bestimmen. Old School, unverschleiert. Ich war jung, ich hatte keine Ahnung vom Leben, von der Möglichkeit des Neinsagens, von Widerstand, von Selbstbestimmung.
Ist das heute ganz anders?
Die Konzepte der Psychiatrie behaupten von sich, recoveryorientiert zu arbeiten. Das Wort wird geradezu inflationär benutzt. Ich bin seit über sieben Jahren als Genesungsbegleiterin in einer Psychiatrie tätig. Es gibt keine Wachsäle mehr, es wird mit den Menschen gesprochen, man wird nicht mehr nur verwahrt und muss Körbe flechten, aber nach

wie vor werden im Fall einer Psychose sehr viele und folgenschwere Neuroleptika gegeben. Psychosen werden weiter überwiegend mit fehlgeleiteten Prozessen im Kopf kombiniert, mit dem »Zu-empfindlich-Sein, um auf Stress gesund und kernig zu reagieren« (Stress-Vulnerabilitätsmodell) erklärt.
Ich begleite viele Menschen mit Psychosen, deren Vorstellungen, deren eigene Übersetzungen mit sich selbst in dieser Welt von Mitarbeitern nicht angehört werden, als wahnhaft beschrieben werden und extra ausgeklammert werden sollen. Der Betroffene bestimmt in der Regel nach wie vor nicht selbst, wie er sich mit dem in ihm entstandenen Phänomen auseinandersetzen kann. Er wird nicht ermuntert, sich zu verstehen, sich zu erforschen, sondern er soll Frühwarnzeichen erkennen. Es geht nicht um Integration von psychotischen Symptomen, sondern um deren Abspaltung.
Viele Menschen, die ich begleite, haben Angst vor dem, was in ihnen ist, als ticke eine unberechenbare Bombe in ihnen. Ein sich selbst entfremdender Zustand, der nicht zur Beruhigung beiträgt. Sie erleben die Medikation, die dadurch entstehende Leere, Depression als quälend. Es wird ihnen gesagt, das sei auch nach Monaten die Erschöpfung, die in der Folge einer Psychose entsteht. Die oft zerstörerischen Nebenwirkungen von Medikamenten auf Geist und Körper werden nicht besprochen. Die Betroffenen fürchten sich vor einem zu bunten Leben. Sie wollen nicht noch mal eine Psychose bekommen, die statistisch wie ein Damoklesschwert über ihnen hängt.
Die Unberechenbarkeit der großen Welt, die zunehmend verrückt geworden ist, spielt bei Erklärungsmodellen für die Entstehung einer Psychose keine Rolle. Wenn sie als politische Sorge, Befürchtung in die Psychose eingebaut wird, zum Beispiel im Sinne einer Angst vor Überwachung, vor Vergiftung, bleibt es persönlicher, unbegründeter Wahn. Psychosen werden nicht in gesamtgesellschaftlichen Zusammenhängen gesehen, in denen wir Menschen uns in einer rasenden Geschwindigkeit an existenzielle Ungerechtigkeiten zwischen Arm und Reich, Flucht, Verfolgung, Klimaveränderung und atomarer Bedrohung gewöhnen, nur um einige Stichworte zu nennen.
In Psychoedukationsgruppen wird Compliance und Vermeidung vor dem unberechenbaren eigenen Leben geübt. Dieses Programm gab es zu meiner Zeit noch nicht, aber ich kenne es aus der Literatur und spreche mit Menschen, die an solchen Gruppen teilgenommen haben.

Es geht darum, einen verantwortlichen Umgang mit der Krankheit zu finden, Informationen zum Krankheitsgeschehen zu erhalten, verbunden mit der unerlässlichen Einnahme von Medikamenten. Der Umgang mit Gefühlen wird besprochen. Dahinter steht ein medizinisches Modell, das von Fachleuten entwickelt wurde. Je nachdem wie autoritär, wie flexibel und lebendig auf die Gruppenmitglieder bezogen solche Informationen weitergegeben werden, kann das ein Versuch der Annäherung sein. Es kann Betroffene unterstützen, vor allem wenn es um den Wunsch nach klaren Regeln in einem nicht angetasteten Krankheitsverständnis geht. Das Programm, die Fragestellungen werden nicht von den Teilnehmenden erarbeitet, es sind nicht ihre existenziellen Ängste. Es geht um Einsicht in das eigene Krankheitsgeschehen und um Reduktion von Symptomen. Es geht nicht um persönliche Lebensentwürfe.

Wenn Recovery »zu sich (selbst) kommen« bedeutet, ist es wichtig, die Betroffenen dabei zu unterstützen, sich als Mensch zu verstehen, sich aber auch als Teil dieser Welt, also als Mitmensch zu spüren. Voraussetzung dafür ist für mich, sich auch im Kontakt mit Betroffenen als Mitmensch zur Verfügung zu stellen. Wahr, spürbar. Dazu gehört eine echte Kommunikation. Wer bist du? Was beschäftigt dich? Welche Fragen stellst du dir in Bezug auf dich selbst? Zeit lassen, dranbleiben. An den anderen glauben, davon ausgehen, dass ich nichts vom anderen weiß, ohne zu fragen, mich interessieren. Aber auch mich zeigen. Befragbar sein, erreichbar sein, um meine Brüchigkeit wissen und sie gegebenenfalls auch äußern, zur Verfügung stellen. Es gibt Betroffene, die sich (noch) nicht mit möglichen Gründen für ihre Psychose konfrontieren wollen, die froh sind über Erklärungsmodelle, die ähnlich wie eine Schilddrüsenerkrankung mit Medikamenten behandelbar ist. Das ist zu respektieren. Viele Betroffene jedoch möchten mit ihren Vorstellungen ernst genommen werden, möchten verstehen, was die Psychose mit ihnen zu tun hat, suchen nach einem Sinn, einer Begründung. Wenn die Psychose nicht vom Himmel gefallen ist, sondern mit der Person selbst zu tun hat, ist es möglich, sich mit dem eigenen Leben zu verbinden, es zu beeinflussen, selbst zu bestimmen und perspektivisch die Regie zu übernehmen.

Der Titel dieses Buches ist »Recoveryorientierte Gruppenarbeit für Menschen mit Psychoseerfahrungen«. Das Moderationsteam besteht aus einer Genesungsbegleiterin, einem Psychiater und einem

Krankenpfleger. Es geht in der beschriebenen Gruppe nicht nur um Krisen von Menschen mit Psychoseerfahrungen, sondern auch um den begleitenden Psychiater und den Krankenpfleger, mit ihrer eigenen Menschenerfahrung. Die zum Moderationsteam gehörende Genesungsbegleiterin ist dabei, weil sie eine Ahnung davon hat, wovon die Gruppenmitglieder sprechen. Das ist gewollt. Das ist in gewisser Weise »in«. In der Gruppe wird sie jedoch nicht als stellvertretende Krisenerfahrene benutzt, die als Beweis für deren Überwindbarkeit steht, damit der Rest des Moderationsteams sich raushalten kann. Die drei Autoren lösen bereits im Ansatz die klare Machtverteilung von krank und gesund und wer bestimmt, was ein gelungenes Leben ist oder wie das geht, auf. In dieser Welt zu verstören, immer mal wieder zu ringen, ist nicht denen vorbehalten, die mit einer Diagnose gelabelt sind. Dabei geht es in dem Buch nicht darum, Not, die zu psychiatrischer Behandlung führt, mit Krisen und Problemen, die in jedem Menschenleben auftauchen, gleichzusetzen, zu bagatellisieren. Es geht vielmehr darum, sich auch von Profiseite mit seiner eigenen Verletzbarkeit und Brüchigkeit einzubringen.

»Warum sollte sich eine Teilnehmerin öffnen, wenn sich die Mitglieder des Moderationsteams selbst nicht zeigen?« Diese Frage stelle ich mir seit Jahren. Mit welcher Selbstverständlichkeit sollen Betroffene ihr Inneres nach außen kehren, über schwere, verletzliche, oft beschämende Themen reden, wenn das Gegenüber sich schadlos hält? Mit welchem Recht wird von Widerstand, Noncompliance, Nicht-Mitarbeiten gesprochen? Mit welchem Recht werden eventuell sogar unabgesprochene Reaktionen gezielt provoziert, die ein Betroffener vielleicht nicht aushält beziehungsweise nicht zum Gegenstand mit seinem Therapeuten oder in einer Gruppe machen will?

In dem beschriebenen »Non-Manual« hat das Moderationsteam die Aufgabe, einen haltenden, vertrauensvollen und verlässlichen Raum zur Verfügung zu stellen. Das ist sehr viel und erfordert Präsenz und Wohlwollen. Die Verantwortung des Moderationsteams liegt *nicht* darin, eine Vorauswahl für »geeignete Gruppenmitglieder« zu treffen, Lösungen für Teilnehmende zu finden, Themen zu bestimmen oder inhaltlich etwas vorwegzunehmen. Das Moderationsteam trägt die Verantwortung für die Organisation, für ihre eigene Aufmerksamkeit, für ihr Interesse und für ihr eigenes Verhalten, das Gruppenprozesse beeinflusst – gleichberechtigt zu allen anderen.

Mich freut dieses Buch. Lesen Sie selbst!
Ich bin übrigens meinen eigenen Recoveryweg gegangen. Das heißt, ich bin zu mir gekommen. Das Bei-mir-Sein ist oft nicht leicht. Meine psychotischen Symptome sind nicht weg, aber sie gehören (zu) mir, ich habe sie zu mir genommen. Ich hätte nichts dagegen, meine Psychose wäre vom Himmel gefallen und ich könnte sie dorthin zurückschicken. Sie zu verstehen, vor allem zu begreifen, sie ist in mir entstanden, ist schwer und oft schmerzlich. Die Psychose macht Sinn, hat viele Gründe. Sinn ist nicht schlecht oder gut, sondern nicht zufällig. Natürlich wünsche ich mir manchmal, mein Leben wäre anders verlaufen. Wir haben hier auf dieser Erde ja nur eine begrenzte Zeit zur Verfügung. Aber es ist mein Leben, meine eigene Ver*antwort*ung.
Es wäre schön und sicher sehr hilfreich für mich gewesen, wenn es eine solche Gruppe schon in meiner Psychiatriezeit gegeben hätte. Ich finde sie nachahmenswert.

***Gwen Schulz**, seit 2011 Genesungsbegleiterin in der Uniklinik Hamburg, Tischlerin, psychose- und psychiatrieerfahren und weitwandererfahren.*

Recovery hat bereits eine jahrzehntelange Geschichte. Begonnen hat alles mit einem Aufschrei der Betroffenenbewegung und deren Bereitschaft zur konzeptuellen Neugestaltung und praktischen Zusammenarbeit in der Psychiatrie. Bald war klar, dass sich hier eine notwendige Wende abzeichnet, und Recoveryorientierung wurde in rascher Folge in internationale und viele nationale Policy- und Versorgungsvorgaben aufgenommen. Ebenfalls durch das Engagement der kritischen Selbstvertreterinnen und -vertreter kam es historisch erstmalig durch die UN-Konvention für die Rechte von Menschen mit Behinderungen zu einer Unterstützung dieser Entwicklung durch ein neues menschenrechtliches Verständnis von Personen mit psychosozialen Behinderungen. Diese Erfolgsgeschichte führte nicht nur zu wesentlichen Verbesserungen in der Versorgungslandschaft, sondern brachte gleichzeitig auch bedenkliche Entwicklungen mit sich. Die rasche Implementierung führte zu schwerwiegenden Fehlern, insbesondere durch ein einseitiges und unvollständiges Verständnis von Recovery vonseiten der traditionellen Profis und eine Vernachlässigung der für Recovery essenziellen Perspektive der gelebten Erfahrung.

Trotz der Erkenntnisse wurden die Selbstvertreterinnen und Peers noch nicht in das veränderungsresistente psychiatrische Hilfesystem aufgenommen.
Mit dieser Arbeitshilfe liegt nun ein Entwurf zur therapeutischen Kommunikation zur Förderung von Recovery vor, in der alles getan wird, um solche Fehler zu vermeiden und im besten Sinne dem außerordentlichen Potenzial des Recoverykonzepts zu entsprechen. Die Zusammenarbeit zwischen einer Pionierin der Peerbewegung mit Erfahrungen in vielen unterschiedlichen Bereichen des Einsatzes der gelebten Erfahrung und zwei Profis aus den traditionellen klinischen Berufen der Pflege und des ärztlichen Handelns und ganz wesentlich der Sozialwissenschaften hat hier reiche Früchte getragen. In einem Prozess echter Kooperation ist es gelungen, die wesentlichen Elemente von Recovery zu leben und in eine Form zu bringen, die es allen, die das anstreben, einen Weg bereitet, um einen ganz besonderen Lernprozess zu beginnen. Der Wissens- und Erfahrungsschatz von Selbst- und Peerhilfe, offenem Dialog und Trialog ergänzen einander zu einem Konzept, das durch Klarheit und Einfachheit besticht, wie sie nur nach einem genauen und wiederholten Durcharbeiten und Durchdenken einer komplexen Materie entstehen kann. Moderierende, die Gruppen wie »Lebenswege« beschreiten werden, können in dieser einladenden und klaren Orientierung vermittelnden Weise einen Erfahrungsaustausch zwischen Menschen mit Psychoseerfahrungen ermöglichen, der jeder einzelnen Person wesentliche Erkenntnisse bringt. Gleichzeitig können sie dabei unweigerlich lehren und lernen.
Die Teilnahme an dem Projekt »Lebenswege« eröffnet für alle Beteiligten die tatsächliche Möglichkeit vom Nicht-Wissen zur Erkenntnis zu gelangen – und das in kurzer Zeit. Diese Form des Lehrens und Lernens gehört zu jenen hochqualitativen komplexen Leistungen, die auch in einer Zukunft, die von künstlicher Intelligenz und »machine learning« geprägt sein wird, uns Menschen vorbehalten sein werden und in ihrer lebenswichtigen Bedeutung kaum zu überschätzen sind.
Während Einleitung und Darstellung der Hintergründe und Prinzipien die Komplexität der Aufgabe klar benennen, wird im Kapitel der Techniken wunderbar deutlich, wie die notwendige Offenheit gelingt und mit zu erwartenden Situationen umgegangen werden kann. Zusammen mit den Ergebnissen der Evaluation und dem überzeugenden Wirkmodell macht es große Lust, gleich mit Gruppen wie

»Lebenswege« zu beginnen. Als Beobachterin der Verbreitung des Recoverykonzepts über die letzten Jahrzehnte wie auch als täglich herausgeforderte Moderatorin ohne Erfahrungsexpertise möchte ich dem Autorenteam dieses Buchs gratulieren und danken. Ich freue mich schon darauf, das Buch für mich, mein Team und Freunde von Recovery zu bestellen und zu empfehlen.

***Michaela Amering** ist Oberärztin der Abteilung für Sozialpsychiatrie der Universitätsklinik für Psychiatrie und Psychotherapie an der Medizinischen Universität Wien und im Vorstand des Weltverbandes für Sozialpsychiatrie, der Sektion »Public Policy and Psychiatry« des Weltverbandes für Psychiatrie und der Sektion »Women's Mental Health« des Verbandes Europäischer Psychiaterinnen.*

Recovery und Genesung von Psychosen sind möglich – das lehren uns die Forschung, die Berichte von individuellen Recoverygeschichten, die Betroffenenbewegung und viele andere. Aber obwohl die Hoffnung auf diese Möglichkeit den wichtigsten Motor für Genesungsprozesse darstellt, ist das Wissen darum etwas, was vielen Menschen mit Psychoseerfahrungen bis heute vorenthalten bleibt – einigen wird sogar immer noch explizit gesagt, dass ihre Erkrankung unheilbar sei.
In einer Studie haben wir uns mit den Risiken von Psychoedukation für die Krankheitsbewältigung von Psychosebetroffenen beschäftigt. Diese Studie war ursprünglich mit dem Ziel initiiert worden, zu beweisen, dass es »hilft, wenn man mit den Patientinnen und Patienten spricht«. Es ist weder überraschend, dass es tatsächlich hilfreich ist, wenn man mit den Betroffenen spricht und mit ihnen in Beziehung tritt, noch, dass *die Art und Weise*, *wie* man dies tut, entscheidend ist – und in Bezug auf die Psychoedukation vor allem die Art und Weise, wie wir mit »Fachwissen« und Deutungsmacht umgehen. Auch unser Fachwissen ist immer mit Unsicherheit behaftet, verändert sich über die Zeit und teilweise gibt es widersprüchliche Wissensbestände oder Perspektiven. So sind in den mittlerweile über hundert Jahren Forschung zum Thema Psychose fast alle möglichen Variablen, die Einfluss auf menschliches Verhalten haben, als Erklärungsansätze zur Entstehung psychotischer Störungen herangezogen worden, und es haben sich genau die als am wenigsten tragfähig und hilfreich erwiesen, die eine monokausale, ausschließliche Erklärung fokussierten.

Einigkeit besteht in der »Ursachenforschung« heute vor allem darüber, dass es sich um einen hochkomplexen *biopsychosozialen* Prozess handelt, in dem viele unterschiedliche Faktoren zusammenwirken und der dementsprechend individuell sehr unterschiedlich sein kann.
Wir wissen damit wenig sicher, vor allem über den Einzelfall. Eine rein biologische Erklärung wird der Komplexität der Prozesse nicht gerecht und trägt darüber hinaus auch nicht, wie lange angenommen und in Antistigmakampagnen umgesetzt, zum Abbau von Vorurteilen und Diskriminierung bei, sondern fördert sogar umgekehrt soziale Distanz und Diskriminierung.
Eine einseitige biologische Erklärung erscheint auch aus psychotherapeutischer Perspektive problematisch. Die Rückgewinnung von Selbstvertrauen und Selbstverstehen kann ein wichtiger Bestandteil von Recoveryprozessen sein. In der Psychotherapie ist es ein diagnoseübergreifendes Ziel, komplexes Selbsterfahrungswissen zu entwickeln, an dem das eigene Handeln, der Umgang mit eigenen Werten, Zielen und Bedürfnissen und die Begegnung mit anderen Menschen orientiert sind. Selbstverstehen oder Selbst*bewusst*sein (im Sinne von »sich selbst bewusst sein«) sind wichtige Voraussetzungen für die Entwicklung eines selbstreflexiven Identitätsgefühls und die darauf aufbauende Möglichkeit – wie es die Teilnehmenden einer Psychosenpsychotherapiegruppe einmal formuliert haben –, »mit anderen in Beziehung zu gehen, ohne sich selbst zu verlieren«. Auch für die Aneignung und Integration der manchmal traumatischen, oft mit dem Verlust von Selbstverständlichkeit einhergehenden Erfahrungen während einer Psychose kann es hilfreich sein, diese aus den eigenen biografischen Erfahrungen und/oder als allgemein menschlich zu verstehen. Ein derartiges Verständnis kann ebenfalls dabei helfen, eine Sprache für das Erlebte zu finden, die Verständnis und Anschlussfähigkeit ermöglicht, ohne zu stigmatisieren. Dies erfordert einen behutsamen Zugang, der auch die Bedeutung und Funktion des Unverständlichen und Widersprüchlichen als Teil der psychotischen und menschlichen Erfahrung anerkennt.
Der einseitige Fokus auf biologische Erklärungs- und Behandlungsansätze wird nicht nur explizit »psychoedukativ« vermittelt, sondern vielmehr noch über die Art des *Be*-Handelns. So werden Betroffenen oft auf geäußerte Befindensveränderungen, negative Gefühle oder auftretende Symptome nur Stoffwechselstörungen, fragliche Medikamenteneinnahmen, Medikamentenerhöhung oder -veränderung als

Optionen angeboten. Eine derartige Komplexitätsreduktion verschließt den Blick für innerpsychische und psychosoziale Bedingungsfaktoren; die Person wird nicht ermutigt, ihr Befinden aus sich selbst heraus im Kontext zu verstehen, und damit versäumt, Selbst*bewusst*sein und Selbstverstehen zu fördern. Solche unverständlichen Erlebnisse sind für die Person selbst schwieriger integrierbar. Biologische Erklärungen tragen dadurch auch dazu bei, dass die Person sich selbst eher als fremd und unkontrollierbar erlebt – was Selbststigmatisierungsprozesse begünstigt.

Aber was kann stattdessen hilfreich sein?

Auch Recoveryprozesse sind individuell und was jeweils hilfreich ist, ist von Mensch zu Mensch und zu unterschiedlichen Phasen des Prozesses verschieden. Daher stellt sich grundsätzlich die Frage, wie es möglich ist, Interventionen anzubieten, die auf hilfreiche Weise Genesungsprozesse begleiten und etwa Selbstbewusstsein, Selbstverständlichkeit und Selbstvertrauen fördern.

Wenn es um Selbstverstehen geht, dann geht es um die individuelle Expertise über sich selbst, und die kann nur aus der Person selbst heraus entstehen. Ausgangspunkt müssen die subjektiven Erfahrungen und das Erleben der Betroffenen sein. Das professionelle »Wissen« kann dabei nur zweitrangig sein und bestenfalls Angebote zur Verfügung stellen. In so einer Begegnung ist Entwicklung und Erkenntnisgewinn für beide Seiten möglich. Entscheidendes über Psychosen habe ich von den Betroffenen selbst lernen dürfen – immer dann, wenn ich bereit war, wirklich zuzuhören, mich berühren zu lassen und meine eigenen Vorstellungen zurückzustellen, zu hinterfragen oder sogar zu verwerfen. Sowohl in der – vor allem Grounded Theory orientierten qualitativen – Forschung als auch in der Psychotherapie. Hilfreich dafür ist es, die eigenen Haltungen, Vorstellungen und Positionierungen zu hinterfragen, den eigenen Umgang mit Macht und Diskriminierung kritisch zu reflektieren und dabei auch eigene Krisen- und Diskriminierungserfahrungen als Ausgangspunkt zu nehmen. Zentral scheint mir dabei die Bereitschaft, (Deutungs-)Macht abzugeben und zu versuchen, sich als Gegenüber auf Augenhöhe auf Beziehungen einzulassen, mit Neugier und Interesse für die Erfahrungen des anderen.

Eine solche Beziehung bedeutet auch, kritisch mit der eigenen Verantwortungsübernahme umzugehen. Wann ist Verantwortungsübernahme tatsächlich hilfreich und wo dürfen und müssen wir

Verantwortung abgeben oder gleich beim Gegenüber selbst belassen? Wenn wir »Selbstexpertise« als Grundlage sehen, dann liegen auch da die Antworten auf Fragen danach, welche Erfahrungen und Erkenntnisse wann hilfreich und aushaltbar, welche Veränderungen zu welchem Zeitpunkt möglich und erstrebenswert sind, welche Risiken eingegangen, welche Schritte wann gewagt werden wollen. All dies kann niemand für sein Gegenüber definieren oder entscheiden. Aber vielleicht können wir Wege finden, mit denen wir dabei helfen können, Zugang zur »Selbstexpertise« zu erleichtern, durch die diese Fragen beantwortbar werden oder die uns als Begleitung bei solchen (Entscheidungs-)Prozessen zur Verfügung stellen.
Wenn wir mit dieser Haltung und Zielsetzung eine Gruppe mit Psychoseerfahrenen realisieren wollen, geht es, das wird deutlich, weniger um die konkreten Inhalte, über die in der Gruppe gesprochen wird, als vielmehr um die Art und Weise wie – die Atmosphäre, in der dies getan wird. Diese Arbeitshilfe vermittelt auf (beglückend) einfache und verständliche Weise Denkanstöße, Anregungen und Techniken, die darauf abzielen, eine solche Atmosphäre und eine derartige Zusammenarbeit anzuregen und damit Recoveryprozesse in diesem Sinne zu begleiten oder sogar zu fördern, nicht aber zu behindern. Dabei stellt das Autorenteam auch seine subjektiven Erfahrungen und unterschiedlichen Perspektiven in der Gruppenarbeit und darüber hinaus zur Verfügung und ist immer bereit, das eigene Handeln kritisch zu hinterfragen.
Das vorgestellte Gruppenkonzept ist auf diese Weise nicht nur ein »Non-Manual« für eine Gruppenarbeit mit Psychoseerfahrenen, das eine wichtige Lücke in der therapeutischen Landschaft schließt, sondern das Buch ist hilfreich für alle, die in anderen Kontexten und Formaten mit Psychoseerfahrenen arbeiten – weil es wichtige, recoveryfördernde Anstöße und Reflexionen zur therapeutischen Haltung und Beziehungsgestaltung gibt.

***Dr. Friederike Schmidt-Hoffmann** ist psychologische Psychotherapeutin bei Pinel Medizin, Berlin. Sie bietet Aus- und Weiterbildungen und Supervision im Bereich Psychosenpsychotherapie an. Ihre Promotionsarbeit »Nutzen und Risiken psychoedukativer Interventionen für die Krankheitsbewältigung bei schizophrenen Erkrankungen« ist ebenfalls im Psychiatrie Verlag erschienen und eine wesentliche Grundlage für dieses Buch.*

Einleitung

Wir haben die Gruppe »Lebenswege« 2011 ins Leben gerufen, um ein zeitlich begrenztes Gruppenformat für Menschen mit Psychoseerfahrungen anbieten zu können. Ziel ist es, bei diesen Menschen Recoveryprozesse anzustoßen, zu fördern oder zumindest nicht zu behindern.

Während des Lesens werden Sie merken, dass sich eine recoveryförderliche oder -orientierte Gruppenarbeit nur schwer standardisieren lässt. Daher entspricht diese Arbeitshilfe auch weniger einem festgelegten Manual, sondern enthält eine Vielzahl an Anregungen, die sich aus unseren Erfahrungen von insgesamt zehn Gruppendurchläufen speisen. Gleichzeitig haben wir versucht, unsere Wahrnehmungen so geordnet wie möglich aufzuschreiben, damit Sie sie für Ihre eigene Gruppenarbeit nutzen können.

Wir haben unsere Gruppe »Lebenswege« genannt, um deutlich zu machen, dass sich jede teilnehmende Person auf ihrem eigenen, unverwechselbaren Weg befindet. Dieser Weg beinhaltet(e) Krisen und natürlich auch andere Erfahrungen, die wir im Rahmen dieses Gruppenformats in den Austausch bringen wollen. Außerdem soll der Name »Lebenswege« verdeutlichen, dass wir psychotische Phänomene als zum Leben gehörig, also als normale psychologische Phänomene verstehen: Diese können prinzipiell bei allen Menschen vorkommen. Wegen der vielen konzeptuellen und ethischen Probleme rund um den Begriff der Schizophrenie haben wir das Wort Psychose gewählt.

Zum Glück werden in inzwischen einer Vielzahl von Einrichtungen Recoverygruppen angeboten. Diese Entwicklung verdeutlicht, dass es eine Menge unterschiedlicher Konzepte für solche Gruppen gibt. Leider sind diese Konzepte bisher, zumindest im deutschsprachigen Raum, kaum veröffentlicht worden. Wir erheben nicht den Anspruch darauf, selbst das beste Konzept für ein recoveryorientiertes Gruppenformat entwickelt zu haben. Ganz im Gegenteil – wir beziehen uns auch auf andere Konzepte. Außerdem verstehen wir unser Buch als Prozess, also als noch nicht abgeschlossen. So sind weitere Anregungen und Erfahrungen notwendig, um unser Gruppenkonzept zu verfeinern und lebendig zu halten.

In diesem Sinn freuen wir uns über Austausch! Melden Sie sich bei uns, wenn Sie Anmerkungen, Kommentare und Kritik haben! Wir wünschen Ihnen eine wechselseitig fruchtbare und prägende Gruppenarbeit.

Sebastian von Peter, Antje Wilfer** und **Andreas Gervink,
Kontaktadresse: svonpeter@googlemail.com

Wie haben Teilnehmende die Gruppe erlebt?

» Man hat gesehen, dass man mit Gleichgesinnten zusammen war und dass man eben nicht alleine dasteht. «

» Dass da in der Psychose Sachen passiert sind, die mit meiner Geschichte zu tun haben, das ist mir [in der Gruppe] bewusst geworden. Also, dass es nicht losgelöst von meiner Person einfach passiert. «

» Und das war ganz schön anstrengend, die Auseinandersetzung mit mir und dem ganzen Krempel, [...] manchmal hatte ich das Gefühl, es wird zu viel. «

» Also mir hat es [die Teilnahme] was gebracht [...], also was wir alle trotzdem irgendwo erreicht haben, das ist richtig gut zu hören, das hat einen positiven Effekt gehabt, weil man ja auch das erste Mal vor anderen Leuten drüber gesprochen hat, und das hat das Selbstbewusstsein gestärkt. «

» Dass es halt auch andere Leute gibt, die einigermaßen in Ordnung sind und die trotzdem irgendwie krank geworden sind und die trotzdem tolle Menschen sind. «

» [Ohne die Gruppe] hätte ich nicht unbedingt die Einsicht bekommen, dass Betroffene auch gesund sind. «

» Früher wäre das nicht möglich gewesen, in einer Gruppe zu sitzen [...], also, das war schon ein Schritt, mich ein wenig rauszutrauen «

» Ich habe eine Weile gebraucht, mich öffnen zu können, das hat so seine Zeit gebraucht. Ich bin das ja nicht gewöhnt gewesen. «

» Ich habe so ein bisschen mehr Mut gekriegt, rauszugehen, mal ein bisschen was zu ändern in meinem Leben – da hat mir die Gruppe geholfen. «

» Das hat auch Mut gemacht auf jeden Fall. Also, dass es nicht sein muss, dass man ständig irgendwie psychotisch wird oder so, wenn man das einmal hatte. Also, das fand ich sehr gut. «

» Für mich war die Teilnahme hilfreich, um die Wirklichkeit abzugleichen. Kann ich wirklich raus, ja? Also, kann ich mich wirklich wieder in die Welt begeben, so richtig? «

» Durch die Gruppe selbst, durch die Gespräche dort, ist noch mal alles hochgekommen. Ich habe mich wirklich noch mal ganz genau erinnert; was ist passiert, was war das überhaupt? Abschließen kann man eigentlich erst, nachdem dieses Seminar vorbei ist. «

» In der Psychiatrie wird man nicht für voll genommen, da ist man irgendwie ein Mensch zweiter Klasse – ganz extrem und das war, das fand ich hier jetzt nicht so. «

» Und, ich glaube, du hast nicht eine Sitzung hier verbracht, in der du nicht mindestens einmal herzlich gelacht hast – und das macht einfach unheimlich Mut. «

» Nicht ›von oben herab‹, sozusagen, ne? So, von jemand, der außenstehend ist […], es wirkt irgendwie menschlicher, wenn jemand, der das selber erlebt hat, auch mit moderiert. «

» Am besten haben mir die beiden Beiträge von, äh, der Genesungshelferin gefallen. Die auch selber mal davon betroffen war. Das hat mir mit am meisten gefallen. «

» Es gab keinen Moment, wo ich mich unwohl gefühlt habe, ja, weil ich immer wusste, ich kann mich zurückziehen, ich muss ja jetzt nicht reden – wenn ich nicht möchte, dann höre ich einfach zu. «

» Ich finde es wichtig, dass da jeder freiwillig ist und auch mal vielleicht nichts sagen muss oder so. «

» Ich fand eben gut, die, die das geleitet haben, dass das so eine Mischung war, also eben ein Arzt, ein, ein Pfleger und eine Betroffene. «

» Also gleichwertig. [...] Man hat sich auf Augenhöhe getroffen. Das fand ich auch gut. Ja. Also, es war jetzt nicht so einer, der, oder eine oder die, die das Wissen so hatten und wir nicht oder so, sondern es war so, war eine gute Balance. «

» Also, ich hatte den Eindruck, dass sich daraus Freundschaften entwickelt haben. Dass sich einige untereinander nach der Recoverygruppe noch verabredet haben. Dass die also irgendwie den Austausch weiterführen wollten. «

» Also, ähm, zum Teil war man ja auch richtig traurig, was man dann von anderen gehört hat, aber letzten Endes muss man sich ja auseinandersetzen damit, was passiert ist, und das in einer Gruppe zu tun, ist auf jeden Fall gut – also besser, als immer nur für sich alleine zu sein. «

» Wenn man respektvoll und sensibel, egal mit wem, umgeht, egal ob langjährig Erfahrung oder erst kurzfristig, dann kann man immer etwas lernen. Beidseitig. Die Erfahrenen von den Nicht-Erfahrenen und umgekehrt [...] deswegen war das ja auch so dicht, fand ich, zwischen den Erfahrenen und den Unerfahrenen. «

» [Die anleitenden Personen] haben auch von uns etwas gelernt, denke ich mal. Was [ihnen] irgendwie so ein Zubrot oder Mehrgewinn oder Mehrwert gebracht hat. «

Was an der Gruppe ist Recovery?

Recovery ist ursprünglich ein emanzipatorisches Konzept. Es hat sich aus einer *Gegen*bewegung entwickelt, und zwar zum psychiatrischen Versorgungssystem (AMERING, SCHMOLKE 2012). Konkret ist es in der Selbsthilfe entstanden, durch als »chronisch« klassifizierte Personen, die wider Erwarten gesundeten. In der Folge haben sich unter diesem Begriff weltweit viele Menschen mit seelischer Krisenerfahrung zusammengeschlossen, um aktivistisch gegen den demoralisierenden Pessimismus in der psychiatrischen Versorgung anzugehen (DEEGAN 2005). Im weiteren Verlauf griff die reformorientierte Fachwelt den Begriff Recovery auf. Es kam zu einer starken Verbreitung, zunächst im englischsprachigen Raum, und einer Einarbeitung in diversen gesundheitspolitischen Konzepten und Forderungen (BURR u.a. 2013).
Diese kurze historische Rückschau soll zeigen, dass in klinisch-therapeutischen Zusammenhängen Vorsicht im Umgang mit dem Konzept Recovery geboten ist. Denn erstens hat sich dieses Konzept ursprünglich in Opposition zur psychiatrischen Versorgung herausgebildet. Zweitens ist Recovery auch aus Sicht vieler Menschen mit seelischer Krisenerfahrung (LEHMANN 2013) vom psychiatrischen Gesundheitswesen und der Politik inzwischen stark vereinnahmt worden. So wird es oft nur noch als reine Worthülse verwendet und hat dadurch seinen Kern, nämlich sein kritisches Potenzial, erheblich eingebüßt.
Eng mit diesen Diskussionen verbunden ist die Frage, inwieweit Recovery überhaupt vonseiten psychiatrischer Institutionen gefördert oder erleichtert werden kann. Auf Deutsch lässt sich Recovery am besten in Begriffe wie »Besserung«, »Erholung«, »Genesung«, »Gesundung«, »Bergung«, »Rettung« oder »Wiederfinden« übersetzen. Recovery ist also weder ein Ergebnis noch lässt es sich durch festgelegte psychiatrische Angebote herstellen. Vielmehr ist Recovery ein individueller Prozess, der sich zuallererst *ohne*, manchmal auch *mit* und häufig auch *trotz* professioneller Hilfe umsetzen lässt (DEEGAN 2013). Dass Recovery *außerhalb* psychiatrischer Institutionen gelingt und nur dort gelingen kann, zeigen zahlreiche Recoverygeschichten (RIDGEWAY 2001; SLADE 2009).

Diesen Umständen wollen wir in unserem Buch sprachlich gerecht werden, indem wir von (persönlichen) Recovery*prozessen* sprechen. Eine inhaltliche Verknüpfung des Recoverybegriffs mit eigenen und oft eigenwilligen Lebenswegen und -entwürfen soll dadurch gesichert werden. Außerdem sind wir uns bewusst, dass ein recoveryorientiertes Gruppenformat nur *in einigen Fällen* wichtig auf dem Lebensweg einer Person ist, nämlich nur dann, wenn dieses Format (gerade) zu diesem Lebensweg passt. Recovery ist das, was die Menschen mit seelischen Krisenerfahrungen selbst und langfristig tun. Eine Gruppe kann immer nur eine kurze Wegbegleitung sein, kommt hoffentlich zum rechten Moment und kann dann auf diesem Weg vielleicht Anstöße geben oder Weichen stellen.
Und mehr noch: Ein recoveryorientiertes Gruppenformat darf Recoveryprozesse nicht *behindern*. Den Teilnehmenden sollten möglichst viele Freiräume gelassen werden, die sie, bei Bedarf, für sich nutzen können. Sie sollten nicht gedrängt werden. Das entspricht dem Menschenbild, das hinter vielen Recoverykonzepten steht: (Auch) Menschen mit seelischen Krisenerfahrungen sind keine Opfer ihrer Umstände oder Symptome, sondern selbstbestimmte, aktiv handelnde, in sich vielfältige und in großen Teilen sehr gesunde Personen, die auf die Welt und ihr Befinden einwirken können und wollen. Sie können entscheiden, was gut für sie ist, wann und wann nicht.

Ein moderiertes Selbsthilfeformat

Unser Konzept wurde von Menschen mit und ohne explizite Erfahrungsexpertise entwickelt. Wir sprechen hier von »expliziten« Krisenerfahrungen, weil wir davon ausgehen, dass alle Menschen irgendwann einmal in ihrem Leben Krisen erleben. Die Teilnehmenden unserer Gruppe verfügen demgegenüber auch über Behandlungserfahrungen im psychiatrischen Versorgungssystem oder müssen mit einer psychiatrischen Diagnose und deren Stigma zurechtkommen. Aus dieser Konstellation heraus hat sich unser Gruppenkonzept zu einer Zwischenform zwischen Selbsthilfegruppe und therapeutisch angeleitetem Format entwickelt. Angeleitet wurde die Gruppe bei uns durch eine Genesungsbegleiterin, einen Arzt und eine Pflegekraft. Eine andere Zusammenstellung ist sicher möglich, die Anwesenheit einer Genesungsbegleiterin oder eines Genesungsbegleiters ist dabei jedoch unentbehrlich für die Durchführung und das Gelingen der Gruppe (siehe auch S. 48).

Die Expertise von Menschen mit expliziten Krisenerfahrungen wird inzwischen in einigen Zusammenhängen gewinnbringend genutzt – in der Wissenschaft verhilft das Erfahrungswissen von Menschen mit beispielsweise Psychiatrieerfahrungen zu neuartigen, oft praxisnäheren Erkenntnissen (PETER 2017). Durch ihren Einbezug ändern sich Fragestellungen und der Blick auf die gewonnenen Daten. Und auch in der klinisch-therapeutischen Arbeit haben sich sogenannte Genesungsbegleiterinnen und -begleiter in vielen Gesundheitssystemen als ein feststehender Bestandteil etablieren können (UTSCHAKOWSKI u. a. 2016). Obgleich es Befunde gibt, die auf die machtvolle Vereinnahmung ihrer Expertise durch die psychiatrischen Institutionen hinweisen (HEUMANN u. a. 2019), führt ihre Beteiligung vielfach dazu, dass Menschen in seelischen Krisen mehr Hoffnung entwickeln können und sich besser verstanden fühlen (MAHLKE u. a. 2014).

Die Gruppe hat sich im Verlauf ihrer Durchführungen, auch dank des Inputs der Teilnehmenden, ständig weiterentwickelt. Zu Beginn stand eine intensive Auseinandersetzung zwischen uns drei anleitenden Personen; wir sprachen über unsere Vorstellungen von der Gruppe, was wir unter Recovery verstehen und welche Haltungen und Vorannahmen wir jeweils mitbringen. Im Anschluss daran haben wir die Grundideen für unser Format in einem Flyer zusammengetragen. Der erste Gruppendurchlauf war ein aufregendes Experimentierfeld und, im Rückblick, vielleicht gerade deshalb besonders gelungen. Im Verlauf von sieben Jahren haben wir neun weitere Gruppen angeleitet und von Mal zu Mal das Format überarbeitet. Diese »Überarbeitungen« entsprachen am ehesten einer Bewusstmachung unserer Vorgehensweise, einer Reflexionsarbeit. So haben wir den Ablauf immer mehr verfeinert.

Für die Erstellung des vorliegenden Konzepts haben wir uns Zeit genommen. Zwischen den Gruppendurchläufen haben wir uns regelmäßig zusammengefunden, um einerseits das Besondere an unserem Gruppenformat und andererseits die theoretischen und konzeptuellen Anschlüsse an andere Formate herauszuarbeiten. Wir haben diese Gedanken verschriftlicht und im Gespräch und im Rahmen verschiedener Vortragstätigkeiten immer weiter verdichtet.

Zudem haben wir von Anfang an das Format evaluiert. In Zusammenarbeit mit dem Institut für Europäische Ethnologie an der Humboldt-Universität wurde der zweite Gruppendurchlauf im Vergleich zu einer psychoedukativen Gruppe teilnehmend beobachtet (Ikehata u. a. 2015). Außerdem wurden einige Teilnehmende in Einzelinterviews und Fokusgruppen befragt, wie sie das Gruppenformat erlebt haben. Etwa die Hälfte aller Teilnehmenden hat auch Fragebögen vor und nach dem Gruppendurchlauf ausgefüllt. Eine Zusammenfassung einiger Ergebnisse dieser Evaluation findet sich im Kapitel »Evaluation« (ab S. 87). Diese Ergebnisse können als Beginn einer Modellbildung des Gruppenformats gewertet werden. Weitere empirische Analysen und theoretische Anschlüsse sind hier notwendig.

Ein Non-Manual

Die formalen Rahmenbedingungen unseres Gruppenformats sind denkbar einfach: Im Prinzip handelt es sich um einen Erfahrungsaustausch von Menschen mit und ohne explizite Erfahrungsexpertise im Stuhlkreis. Aus unserer Sicht sind die Themen, über die gesprochen wird, nicht unbedingt entscheidend, um Recoveryprozesse anzustoßen, zu fördern oder nicht zu behindern, sondern vor allem die *Art und Weise, wie* dies geschieht. So entspricht unser Konzept auch weniger einer manualisierten oder manualisierbaren Intervention mit festgelegten Themen oder Elementen. Vielmehr wollen wir (sicherlich nur) einen Weg aufzeigen, wie sich ein recoveryförderliches, -begünstigendes und nicht behinderndes Gruppenmilieu herstellen lässt.
Wir gehen nicht davon aus, dass sich die Entwicklung oder das Gesundwerden von Menschen durch bestimmte Interventionen steuern oder lenken lässt. Es braucht eine bestimmte Umgebung und Atmosphäre, damit eine selbstreflexive Arbeit und ein hilfreicher Austausch untereinander möglich werden. So finden sich im Folgenden auch keine Vorschläge für festgelegte Themen oder Arbeitsmaterialien, konkrete Übungen oder Gruppenaufgaben, wie dieses in anderen Manualen, auch für recoveryorientierte Gruppentherapien (Amering, Sibitz u. a. 2002), meist üblich ist. Stattdessen versuchen wir, allgemeinere Prinzipien, günstige Rahmenbedingungen und einige Techniken zu

beschreiben, die uns selbst während der Durchführung unserer Gruppendurchläufe geholfen haben.
Diese Techniken und Prinzipien sind als Anregungen zu verstehen und nicht als ein bindender Kanon oder als festlegende Vorgaben. Jede Moderatorin, jeder Moderator und jede Gruppe sind anders. Am wichtigsten ist, dass eine Technik oder der gewählte Rahmen zu den Personen passt, die sich im Austausch befinden. Rigide Strukturen und Vorstellungen sind an dieser Stelle kontraproduktiv. Stattdessen sollte im Verlauf der Gruppenarbeit eine bestimmte Form für diesen Austausch gefunden und an diesem Rahmen gemeinsam, fortwährend und transparent gearbeitet werden.

Ziele der Gruppenarbeit

In dieser Arbeitshilfe stellen wir also ein nicht-manualisiertes Gruppen*konzept* vor, das an die jeweiligen Gegebenheiten sowie an die Teilnehmenden anzupassen ist. Diese Offenheit und Flexibilität des Formats scheint uns wesentlich, denn das Ziel einer recoveryorientierten Gruppe kann ja nur sein, dass die Teilnehmenden ihre *eigenen* Wege finden, sich *selbst* auf die Reise machen und sich mit der *eigenen* Geschichte – anstatt mit Symptomen oder Krankheitsbildern – auseinandersetzen. Dafür braucht es einerseits eine hilfreiche Gruppenerfahrung, durch die sich die Teilnehmenden im Sinne einer Art Recoverygemeinschaft (Deegan 2005) innerhalb ihres eigenen Genesungsprozesses verorten und sich mit ihren Erfahrungen verbunden (statt isoliert) fühlen können. Ein lebendiger Austausch und Mitsprache, Beteiligung und Mitbestimmung sind dabei sowohl Ziele als auch Voraussetzungen für diese Art der Auseinandersetzung.
Vonseiten der Moderierenden setzt ein solcher Austausch andererseits Wertschätzung, Dabeisein, Toleranz und ein offenes Vorgehen voraus, damit sich die Teilnehmenden selbstbestimmt mit ihren eigenen Fragen und Antworten beschäftigen können. Vorgefertigte Lösungen oder standardisierte Module sind in diesem Bezug wenig hilfreich. Es ist wichtig, dass sich die Moderierenden auf ein wechselseitiges Lernen einlassen und sich als *Begleitende* verstehen. Wenn die Teilnehmenden sich respektiert und ernst genommen fühlen, können sie das Vertrauen

zu sich selbst (zurück-)gewinnen, sich öffnen und eine eigene Sprache entwickeln, die ihnen dabei hilft, das Geschehene zu verstehen, es zu reflektieren, zu akzeptieren und in das eigene Leben zu integrieren. Der Unterschied zwischen den Menschen mit und ohne Psychoseerfahrung wird dadurch gemindert und Psychoseerfahrungen werden als Teil des Menschseins erkannt.

Hintergründe und Prinzipien

Die Gruppe »Lebenswege« ist also nicht »aus dem Nichts« entstanden. Unsere unterschiedlichen beruflichen und persönlichen Erfahrungen sind in die Entwicklung der Gruppe eingeflossen, zu Beginn eher unmerklich, im Verlauf der Durchläufe zunehmend reflexiv und gesteuerter.
Uns ist es wichtig, diese Einflüsse zu benennen. Damit wollen wir darauf hinweisen, dass wir das Konzept der recoveryorientierten Gruppenarbeit nicht »erfunden« haben. Vielmehr haben wir viele Prinzipien und Techniken verwandter oder anderer Formate rekombiniert, die uns geeignet erschienen, um Recoveryprozesse bei den Teilnehmenden anzustoßen, zu fördern oder zumindest nicht zu behindern.

Recoverybewegung, Selbsthilfe, Betroffenenkontrolle und Genesungsbegleitung

Antje hat sich über Jahre in der Selbsthilfe ausgetauscht. Sie führt außerdem seit vielen Jahren Fortbildungen zum Thema Recovery durch und arbeitet seit 2015 als Genesungsbegleiterin in der stationären Psychiatrie. Sebastian hat dazu beigetragen, an verschiedenen Häusern die Berufsgruppe der Genesungsbegleiterinnen und -begleiter zu implementieren und lehrt und forscht zu diesem Thema. Er forscht außerdem partizipativ und versucht, auch betroffenenkontrollierte Forschung zu ermöglichen. Andreas arbeitet seit vielen Jahren in der ambulanten und stationären psychiatrischen Versorgung, ebenso mit Genesungsbegleiterinnen und -begleitern zusammen. Auch er lehrt zum Thema Recovery und Genesungsbegleitung.
Aus diesen Erfahrungen entspringen unterschiedliche Impulse für die Entwicklung der Lebenswege-Gruppe: Dem Gruppenkonzept ist anzumerken, dass uns alle drei eine kritische Distanz gegenüber dem psychiatrischen Wissensbestand vereint. Die Angebote und Konzepte

des psychiatrischen Versorgungssystems *können* unserer Ansicht nach *ein* hilfreicher Baustein unter vielen sein, um Recoveryprozesse anzustoßen oder zu fördern. Häufig jedoch sind sie aber auch hinderlich auf diesem Weg. Der Fokus unseres Gruppenformats auf Selbsterklärung und der hohe Stellenwert von Erfahrungswissen gründen ebenfalls in diesen Erfahrungen. Daraus erwächst ein starker Respekt vor den eigenen Lebenswegen und den eigenen Lösungen im Umgang mit dem Leben oder auch im Umgang mit seelischen Krisen. Dazu gehört auch unsere Überzeugung, dass Kontrolle über das eigene Leben für alle Menschen wichtig und zu ermöglichen ist, womit auch die für die Gruppe so wichtige Menschenrechtsperspektive verbunden ist.
Besonders von Antje haben Sebastian und Andreas Mut im Umgang mit und Zutrauen zu den Teilnehmenden gelernt. (Auch) Menschen mit seelischen Krisenerfahrungen kann eine intensive Auseinandersetzung mit sich selbst zugemutet werden, auch im Rahmen eines kurzzeitigen Gruppenformats. Aus dieser Erkenntnis kann sich ein starkes Vertrauen in die (selbstorganisierenden Kompetenzen der) Teilnehmenden (im Gegensatz einer paternalistischen Haltung) ableiten – die Teilnehmenden »wuppen das schon«. Außerdem ist damit ein eher partnerschaftlicher Beziehungsansatz verbunden, den man häufig in der Genesungsbegleitung und Selbsthilfe findet, eine Reflexivität von Machtverhältnissen und der Anspruch auf ein wechselseitiges Lernen (Utschakowski u.a. 2016; Gillard u.a. 2015). Diese partnerschaftlichen Beziehungen geschehen eher in einer (Recovery-)Gemeinschaft als in einer therapeutischen Beziehung. Ein solcher Zusammenschluss kann gegenseitig entlasten, ohne dass der eine für die andere konkrete Lösungen finden müsste (Deegan 2005).

Trialog

Antje und Sebastian haben über viele Jahre unterschiedliche Trialogveranstaltungen und Psychoseseminare besucht, diese zum Teil auch selbst mitgegründet. Trialogveranstaltungen sind Treffen, in denen Menschen mit Psychiatrieerfahrungen, Angehörige dieser Menschen und in der Psychiatrie Tätige außerhalb des klinisch-therapeutischen Rahmens, oft in Volkshochschulen oder anderen öffentlichen Räumen, zusammenkommen und sich über ihre unterschiedlichen Sichtweisen und Erfahrungen austauschen. Ziel dieses Austausches ist es, ein menschliches Bild von psychischen Krisen zu fördern, Vorurteilen entgegenzuwirken und ein gegenseitiges Verständnis aufzubauen (Peter u. a. 2015). Unser Gruppenformat ähnelt dem Trialog in verschiedener Hinsicht: Auch im Trialog wird nach dem Sinn von Psychoseerfahrungen gesucht (Amering, Hofer u. a. 2002). Dabei wird auch dort eine Offenheit gegenüber unterschiedlichen Erklärungsmodellen praktiziert; verschiedene Sichtweisen dürfen und sollen nebeneinander bestehen bleiben (Bock, Priebe 2005). Im Trialog ist ebenfalls der Stellenwert von Erfahrungswissen hoch. Auch dort geht es um ein wechselseitiges Lernen, wobei es keinen Handlungsdruck gibt, konkrete Lösungen für den Einzelfall finden zu müssen (Peter u. a. 2015). Ähnlich wie in unserem Gruppenformat bestimmen auch im Trialog die Teilnehmenden untereinander die Themen, die Organisatoren erfüllen vor allem moderierende Funktionen und halten sich sonst eher zurück (Bock, Priebe 2005).

Im Unterschied zu unserem Format wird in Trialogveranstaltungen oft nicht mit festgelegten Themen gearbeitet und die Perspektive der Angehörigen ist eingebunden. Außerdem ist der Trialog kein geschlossenes Format und zeitlich nicht begrenzt, wodurch sich dort häufig weniger Verbindlichkeit herstellt.

Offener Dialog

Wir alle drei, Antje, Andreas und Sebastian, haben Ausbildungszyklen im Offenen Dialog durchlaufen und arbeiten in unserem beruflichen Kontext mehr oder weniger mit Prinzipien oder Techniken des Offenen Dialogs. Der Offene Dialog ist eine systemisch verankerte Therapieform, die ihren Ursprung in Skandinavien und hier vor allem in Finnland hat (Olson u. a. 2014). Grundlegend für den Offenen Dialog sind sogenannte Netzwerkgespräche, in denen Familien und andere Netzwerke zusammenfinden und moderiert in den Austausch treten (Aderhold u. a. 2003). Die Moderierenden setzen dabei bestimmte Techniken und Prinzipien ein, um beispielsweise Unsicherheiten auszuhalten, also nicht direkt nach Lösungen für ein Problem zu suchen,

und um möglichst viele unterschiedliche Meinungen in den Austausch untereinander zu bringen (OLSON u.a. 2014).
Ähnlichkeiten zum Offenen Dialog finden sich auch in der Haltung der Moderierenden des Recoverygruppenformats: Die im Offenen Dialog vorgesehene »Position des Nicht-Wissens«, also eine prinzipielle Offenheit und Neugier (ADERHOLD u.a. 2003), ist wesentlich für das wechselseitige Lernen. Das gilt ebenso für die gemeinsame Suchbewegung in der Gruppe, immer mehr, immer genauer zu verstehen. Auch im Offenen Dialog geht es nicht primär darum, Lösungen zu finden. Wichtig ist, dass die Moderierenden die Teilnehmenden wertschätzen, dem Prozess des Gesprächs vertrauen und zurückhaltend agieren. Wissen wird nicht (durch das Moderationsteam) *vermittelt*, sondern (in den Teilnehmenden) aufgespürt. Subjektive Erklärungsmodelle werden dabei nicht bewertet, sondern nebeneinander stehen gelassen. Psychose wird auch im Offenen Dialog als ein normales psychologisches Phänomen erachtet, wobei auch hier verstanden werden will, wie das Leben der Betroffenen und ihre Psychoseerfahrungen wechselseitig zusammenhängen und welche Bedeutung ihnen beigemessen wird (OLSON u.a. 2014). Außerdem stammen aus unserer Arbeit mit dem Offenen Dialog einige der Techniken, wie die Metakommunikation (ADERHOLD u.a. 2003, siehe auch S. 66), die wir in unserer Gruppe anwenden, um die Teilnehmenden miteinander ins Gespräch zu bringen. Im Unterschied zu unserem Gruppenformat entwickelt sich ein typisches Netzwerkgespräch im Sinne des Offenen Dialogs nicht entlang eines oder zweier Themenkomplexe, sondern ist deutlich offener und sprunghafter in der Themenwahl und -bearbeitung. Außerdem sitzen sich in unserem Gruppenformat natürlich keine Familiensysteme gegenüber, sondern Personen, die alle über Psychoseerfahrung verfügen und sich üblicherweise gar nicht oder kaum kennen.

Psychoedukation

Sebastian und Andreas haben im Laufe der Jahre unterschiedliche Psychoedukationsgruppen angeleitet, Antje hat als Teilnehmerin diese Gruppen erlebt. Grundlegend für die Psychoedukation sind häufig angesetzte Module der Wissensvermittlung und festgelegte Übungen, um bestimmte Kompetenzen oder Selbsterfahrung zu trainieren. In gängigen Psychoedukationsformaten werden die Themen oft vom moderierenden Team vorgegeben und nur selten von den Teilnehmenden ausgewählt oder frei entwickelt.

Es ist umstritten, ob sich ein klassisches psychoedukatives Vorgehen tatsächlich dafür eignet, Recoveryprozesse zu fördern oder zumindest nicht zu behindern (KLIMITZ 2006; SCHMIDT 2012). Kritiker merken dabei die eher starren thematischen Vorgaben und festgelegten Routinen von psychoedukativen Gruppen an. Außerdem scheinen sich psychoedukative Gruppenformate besser mit biologisch orientierten Erklärungsmodellen zu vertragen (BOCK, HEUMANN 2015). Aus diesen Gründen suchten auch wir für unsere Gruppe nach einer Alternative zur klassischen Psychoedukation.

Dennoch gibt es einige Gemeinsamkeiten unseres Gruppenformats mit psychoedukativen Gruppen: Erstens sind die Rahmenbedingungen, die organisatorischen Voraussetzungen vergleichbar. Auch die Zielrichtung beider Gruppenformate – ein zufriedenes, (sinn-)erfülltes Leben zu behalten oder zu entwickeln, trotz oder mit weniger Beschwerden – kann sich ähneln. Sowohl in psychoedukativen Gruppen als auch in unserem Gruppenformat kommen in den Sitzungen Themen wie der Umgang mit Beschwerden, Bewältigungsstrategien, Erklärungsmodelle oder (Umgang mit) Stigma zur Sprache. Die *Art und Weise*, *wie* diese Themen in der Psychoedukation oder dem Recoverygruppenformat verhandelt werden, unterscheidet sich aber stark voneinander (IKEHATA u.a. 2015). Außerdem weicht die Haltung der moderierenden Personen in psychoedukativen Gruppen oft von der Haltung des moderierenden Teams in unserem Gruppenformat ab.

Psychosenpsychotherapie

Sebastian hat über Jahre tiefenpsychologisch fundiert mit Menschen mit Psychoseerfahrungen gearbeitet. Sebastian, Antje und Andreas haben selbst psychodynamische Therapien erfahren. Wichtige Theorien zur psychodynamischen Psychotherapie finden sich unter anderem bei Stavros MENTZOS (2000) oder Günter LEMPA und Kollegen (2017). Grundlegend ist dabei ein eher struktur- denn konfliktbezogenes

Vorgehen, das den Menschen, die die Therapie erhalten, viele Möglichkeiten zur Mitgestaltung und Steuerung des Prozesses einräumt.
Unser Gruppenformat ähnelt der psychodynamischen Psychosenpsychotherapie in dem Versuch, die Psychoseerfahrungen zu verstehen. Auch wir suchen nach einem Sinn in der Psychose und sind bestrebt, Verbindungen zwischen der Psychoseerfahrung und dem Leben der Teilnehmenden aufzuspüren. Die Verlässlichkeit des Gruppenrahmens und die selbstreflexiven Bemühungen gründen vielleicht ebenfalls in Prinzipien der psychodynamischen Psychotherapie (Lempa u.a. 2017). Außerdem zielen sowohl unsere Gruppe als auch die psychodynamische Psychotherapie darauf ab, eine Kontinuität mit dem Ausnahmezustand herzustellen und die Psychoseerfahrungen in das eigene Selbstbild zu integrieren (Schmidt 2012).
Als Unterschiede sind sicherlich die Rolle und das Selbstverständnis des moderierenden Teams zu nennen: Im Rahmen der recovery-orientierten Gruppenarbeit ist deutlich weniger Abstinenz geboten. Stattdessen geht es darum, mitmenschlich, transparent und für die Teilnehmenden spürbar zu sein. Psychodynamische Erklärungsmodelle sind im Rahmen der Gruppenarbeit nicht ausschließlich, und es ist nicht zwingend erforderlich, dass sich die Teilnehmenden mit der eigenen Lebensgeschichte auseinandersetzen.

Sozialwissenschaften

Sebastian hat im Anschluss an sein Medizinstudium ein Masterprogramm in sozialer Anthropologie durchlaufen und im Schnittfeld von Psychiatrie und Sozialwissenschaften geforscht. Viele Gedanken der Sozialpsychiatrie sind unter Einfluss von sozial- und geisteswissenschaftlichen Konzepten und Theorien entstanden. So ist vor allem der Konstruktivismus der Sechzigerjahre wesentlich für die sozial- und antipsychiatrische Kritik der darauffolgenden Jahrzehnte gewesen, beispielsweise an Klassifikationen und psychiatrischen Behandlungsroutinen. Auch andere Einflüsse unseres Gruppenkonzepts, wie der Offene Dialog oder der Trialog, sind durch sozial- und geisteswissenschaftliche Theorien wie die Systemtheorie oder Phänomenologie angeregt worden oder überhaupt erst entstanden (Aderhold u.a. 2003; Bock, Priebe 2005).

So gründen unsere Gedanken zum Gruppenkonzept nicht nur in psychiatrischen oder psychotherapeutischen Wissensbeständen, sondern auch in interdisziplinär verankerten Konzepten und Theorien. In drei Exkursen gehen wir näher auf grundlegende »Strömungen« innerhalb der Geistes- und Sozialwissenschaften ein, namentlich auf den »classificatory«, »bodily« und »materialist turn«.

Allgemeine Prinzipien

Neben den genannten Einflüssen gibt es allgemeine Prinzipien, die eine recoveryförderliche Haltung auszeichnen. Diese bestimmen wesentlich, wie der Austausch in der Gruppe abläuft.

Umgang mit Erklärungsmodellen

Von zentraler Bedeutung für unsere recoveryorientierte Gruppenarbeit ist eine größtmögliche Offenheit im Umgang mit den in der Gruppe verwendeten Erklärungsmodellen für seelische Krisen. Um Recovery zu fördern, sollte aus unserer und der Sicht anderer Autoren (Schmidt 2012) den persönlichen Erklärungsmodellen der Teilnehmenden eine besondere Bedeutung zukommen. Persönliche Erklärungsmodelle sind subjektive Theorien, Vorstellungen und Deutungen in Bezug auf die Art und Ursache der eigenen Krise (Holzinger u. a. 2003). Die Modelle hängen eng mit dem Leben der Teilnehmenden zusammen und entspringen sowohl der eigenen Weltanschauung und Persönlichkeit als auch kulturell und sozial vermittelter Wertesysteme.
Es gibt gute Gründe dafür, den persönlichen Erklärungsmodellen in einem recoveryorientierten Gruppenformat den Vorrang einzuräumen: Erstens entspricht dieses Vorgehen dem psychiatrischen Wissensstand. Auch in den psychiatrischen Wissenschaften gibt es unterschiedliche Sichtweisen auf Krank- und Gesundsein. Psychiatrische Krankheitsentitäten sind stark umstritten (Priebe u. a. 2013). Begründungen für psychisches Kranksein variieren von ausschließlich biologischen Begründungen bis hin zu rein sozialen Erklärungsmodellen. Dazwischen liegt eine Bandbreite an »gemischten« Modellen, die sowohl biologische als auch soziale Ursachen für psychisches Kranksein annehmen.

Der psychiatrisch-wissenschaftliche Wissensbestand ist also im höchsten Maße unsicher. Es gibt nicht *die eine* Erklärung für psychisches Leiden, sondern eine Vielzahl unterschiedlicher Modelle, die sich teilweise sogar untereinander ausschließen oder widersprechen. Dieser Unsicherheit sollte im Rahmen der Recoveryarbeit offen Rechnung getragen werden. Im Sinne einer »Post-Psychiatrie« ist es aus unserer Sicht wichtig, transparent ein pluralistisches Nebeneinander unterschiedlicher Erklärungsmodelle zu vertreten, anstatt irgendeinem Modell prinzipiell den Vorrang zu geben (Bracken, Thomas 2005).
Ein zweiter Grund für dieses Vorgehen ergibt sich aus der Kritik am Konzept der Einsicht (Bock 2014). Einsicht ist kein eindimensionales Konstrukt. Eine Teilnehmerin kann wahrnehmen, dass etwas mit ihr nicht stimmt und dennoch nicht mit einer medizinischen Begründung dafür übereinstimmen. Mehr noch, eine persönliche Erklärung dafür kann ihr unter Umständen deutlicher weiterhelfen, als dies ein medizinisches Modell jemals könnte (Schmidt 2012). Außerdem können rein medizinisch gelagerte Erklärungsmodelle beeinflussen, wie wir uns selbst als Person wahrnehmen (siehe Exkurs S. 35). Sie können mitunter sogar das Selbstbild bedrohen: Einsicht in medizinische Kategorien kann mit Zunahme an suizidalen Gedanken, schlechterer Lebensqualität, erhöhter Angst und Depressivität einhergehen. Einsicht kann außerdem dazu führen, dass man die eigene Situation als unveränderbar wahrnimmt, also Hoffnung und Zuversicht verliert (»biologischer Determinismus«). *Fehlende* Einsicht kann also durchaus eine Schutzfunktion haben, die im Rahmen der Recoveryarbeit nicht gewaltsam aufgebrochen werden sollte (Bock 2014).
Drittens, und für uns am wichtigsten: Ein genaues Verständnis persönlicher Erklärungsmodelle ist aus unserer Sicht der Dreh- und Angelpunkt für einen wirkungsvollen Genesungsprozess. Es ist ein großer Unterschied, ob man die Ursache für seine Beschwerden in familiären Problemen oder gesellschaftlichen Missständen, in genetisch-biologischen Abweichungen oder im Schicksal sucht. Jedes dieser Modelle schafft auf andere Weise Orientierung. Je nach Modell ändert sich aber das Repertoire an Handlungsmöglichkeiten. Und schließlich gibt jedes Modell Aufschluss über zugrunde liegende Selbstkonzepte und -beschreibungen.
Dabei beschränken sich die Teilnehmenden häufig nicht nur auf ein einziges Erklärungsmodell. Wie bei einem Mosaik variieren Modelle

sowohl bei unterschiedlichen Personen als auch bei derselben Person (Holzinger u. a. 2003). Sie werden häufig an die jeweilige Situation angepasst: Fühlt sich eine Mutter für die psychische Erkrankung ihres Sohnes schuldig, wird sie vielleicht eine biologische Erklärung verwenden. Präferieren wir als moderierendes Team ein bestimmtes Modell, wird dieses von den Teilnehmenden vielleicht bevorzugt oder umgekehrt erst recht verworfen. Diese Variabilität ist wichtig, um die Krankheit zu verarbeiten (Schmidt 2012). Die Möglichkeit, Erklärungsmodelle spielerisch zu verwenden und in Abhängigkeit von Situationen zu verändern, hilft dabei, sich in der Welt zurechtzufinden.

Exkurs: Über die Effekte von (medizinischen) Klassifikationen

Sprachbilder, Begriffe und Klassifikationen bilden Wirklichkeit nicht nur ab, sondern beeinflussen auch erheblich, was wir für wirklich halten. Dies zeigte die linguistische Wende (»classificatory turn«), die seit den Sechzigerjahren unterschiedliche akademische Disziplinen erfasste. Autoren wie Ludwig Wittgenstein, Jaques Derrida und Richard Rorty wiesen darauf hin, dass Worte und Sprachbilder durch geteilte Konventionen entstehen. Sie beeinflussen dabei nicht nur unsere Art, zu sprechen und zu denken, sondern auch, wie wir unsere Welt begreifen und wie wir in ihr handeln. Der soziale Konstruktivismus behauptet sogar, dass ein Zugang zur Wirklichkeit nur durch eine Analyse von Sprachbildern möglich ist. Dies löste eine »Krise der Repräsentation« aus, denn er sprach der Wissenschaft jedwede Möglichkeit ab, die Wirklichkeit unabhängig von sprachlichen Konstruktionen zu erfassen.

Heruntergebrochen auf unser therapeutisches Handeln, können folgende Einsichten von Bedeutung sein:

Klassifikationen sind allgegenwärtig. Sie sind integraler Bestandteil einer jeden Institution. Gleichzeitig sind Klassifikationen nie die Wirklichkeit selbst, sie sind »gemacht«, also Konstruktionen von Wirklichkeit. Sie entspringen nicht nur einem wissenschaftlichen Jargon, sondern sie sind eng verwoben mit kulturell spezifischen Vorstellungen vom Menschen und der Welt.

Klassifikationen können entlasten. Sie können Erklärungen für Erkrankungen bieten. Sie können erleichtern und beruhigen, sie können Informationen über Behandlungsmöglichkeiten und Prognosen vermitteln. Sie können eine Problematik eingrenzen und Orientierung geben. Außerdem erleichtern Klassifikationen institutionelle Routinen: Sie helfen, die Rollen von Beteiligten zu definieren. Sie weisen den Weg für Entscheidungen, sie ermöglichen Kommunikation und Zusammenarbeit und koordinieren die Abrechnung und andere Verwaltungsprozesse.

Klassifikationen sind produktiv. Sie haben einen Einfluss auf das Selbsterleben und die Selbstbeschreibung von Menschen; diese lernen, ihre Beschwerden entsprechend zu codieren und zu deuten. Dadurch können Klassifikationen Menschen davon abhalten, ihr subjektives Erleben zu verstehen. Sie können dieses Erleben durch eine bürokratisierte, technische Sprache ersetzen. Mehr noch, Klassifikationen können pathologisieren, also die Aufmerksamkeit vor allem auf Probleme und Defizite lenken. Sie machen Menschen zu Patientinnen und Patienten und können stigmatisieren.

Klassifikationen vereinfachen. Sie stellen bestimmte Aspekte eines Phänomens in den Vordergrund und bringen vielfältige Interpretationen zum Verschwinden. Klassifikationen wollen klar voneinander abgrenzen und lassen dadurch häufig Ambivalenzen nicht zu. Sie bergen die Gefahr, von der Lebenswelt und den sozialen Beziehungen zu abstrahieren, die für das konkrete Erleben von Erkrankungen so wichtig sind. Auf diese Weise reduzieren Klassifikationen Unterschiede, sie reduzieren die Vielgestaltigkeit und Komplexität des Lebens.

Klassifikationen können machtvoll wirken. Sie sind immer eine Bewertung, sie treffen Aussagen darüber, was wichtig und unwichtig ist, was mehr oder weniger viel wiegt. Sie legitimieren und können abweichende Interpretationen zum Schweigen bringen. Klassifikationen können dem professionellen Wissen Autorität verleihen. Es besteht die Gefahr, dass Klassifikationen irgendwann als »real«, das heißt als eine Beschreibung einer »wirklichen« Welt anerkannt und angesehen werden.

Weiterführende Literatur

CONRAD, P. (1992): Medicalisation and social control. In: Annual Review of Sociology, 18 (1), S. 209–232.

TAUSSIG, M. (1992): The nervous system. London: Routledge.

MARTIN, E. (2007). Bipolar expedition. New Jersey: Princeton University Press.

HACKING, I. (2006): Kinds of people: moving targets. In: Proceedings of the British Academy, 151, S. 285–317.

FOUCAULT, M. (1988): Die Geburt der Klinik. Eine Archäologie des ärztlichen Blicks. Frankfurt am Main: Suhrkamp.

LEIGH STAR, S. (1995): Ecologies of Knowledge. New York: State University Press.

Trotz aller Offenheit für die persönlichen Modelle der Teilnehmenden haben soziale Erklärungsmodelle im Rahmen einer recoveryorientierten

Gruppenarbeit eine große Bedeutung. Das zeigt sich auch in anderen therapeutischen Formaten, die sich um Förderung von Recoveryprozessen bemühen (AMERING, SCHMOLKE 2012). Denn soziale Erklärungsmodelle haben den Vorteil, dass sie die Integration von nicht selten auch heftigen psychotischen Erlebnissen erlauben. Um zu genesen, ist es wichtig, die Krankheitserfahrung als Teil des Lebens zu sehen und sie in die eigene Biografie einzuordnen (SCHMIDT 2012). Rein biologisch-medizinische Erklärungsmodelle scheinen dies weniger zu leisten: Sie fördern eher die Desintegration und Isolation psychotischer Erfahrungen und erschweren dadurch ihre Verarbeitung.
Ein letzter und vierter Grund für einen offenen Umgang mit Erklärungsmodellen liegt im dialogischen Format der Gruppenarbeit begründet. Aus unserer Sicht sollte der Wissensbestand des moderierenden Teams nicht im Vordergrund der gemeinsamen Arbeit stehen. Auch die Moderierenden sind Lernende, nicht nur Wissende. Um Recoveryprozesse in Gang zu setzen, ist ein wechselseitiger Austausch von Wissen wichtig, anstatt einer einseitigen, durch das moderierende Team dominierten Wissensvermittlung (AMERING, HOFER u. a. 2002). Durch den Fokus auf persönliche Erklärungsmodelle werden die Gruppenmitglieder in ihrer Selbsteinschätzung und Selbstbestimmung gestärkt (AMERING, SCHMOLKE 2012). Sie sollen die eigenen Erfahrungen in den Besitz nehmen und Deutungshoheit zurückgewinnen.

→ Psychiatrische Wissensbestände sind unsicher und sollten in dieser Unsicherheit dargestellt werden.
Ein offener Umgang mit Erklärungsmodellen und ein Fokus auf Selbsterklärung fördern das Verstehen und die Krankheits- und Lebensbewältigung.
Soziale Erklärungsmodelle begünstigen dabei die Verarbeitung und Integration psychotischer Erfahrungen im Allgemeinen stärker als biologische Modelle.
Auch das moderierende Team sollte sich »belehren« lassen, sodass eine Wechselseitigkeit im Austausch möglich wird. ←

Art des Austausches

Im Zentrum der recoveryorientierten Gruppenarbeit steht also der Erfahrungsaustausch unter den Teilnehmenden. Unsere Rolle als Organisatoren beschränkt sich, wie erwähnt, in erster Linie darauf, diesen Austausch zu moderieren. Das erfordert zuallererst eine starke

Zurückhaltung. Das moderierende Team sollte deutlich machen, dass ihr Fachwissen nicht höherwertiger ist als das Alltags- und Erfahrungswissen der Teilnehmenden. Wenn es, im Einzelfall, Wissensbestandteile vermittelt, sollte es sich dabei vor allem auf eigene berufliche und persönliche Erfahrungen beziehen und diese Erfahrungen den Gruppenmitgliedern vorsichtig anbieten, eben als *eine* Möglichkeit, die Welt zu sehen. Dieses Vorgehen hat zum Ziel, die Teilnehmenden als Expertinnen und Experten ihrer eigenen Lebenssituation ernst zu nehmen (Amering, Schmolke 2012). Um Recoveryprozesse zu fördern, sind die Stimmen der Teilnehmenden wichtig, nicht die der »Profis«.

In diesem Zusammenhang stellt sich auch die Frage, wie viel Fachwissen überhaupt notwendig ist, damit die Teilnehmenden zu ihren *eigenen* Expertinnen und Experten werden können (Burr u. a. 2013). In jedem Fall sollten sie selbst darüber entscheiden können, an welchen Stellen sie welche Fachinformationen benötigen, um sich und ihre Situation besser verstehen zu können.

Im Vordergrund unseres Gruppenformats steht demnach der wechselseitige Erfahrungsaustausch zwischen den Teilnehmenden und den Mitgliedern des moderierenden Teams. Wichtig ist, dass die Moderierenden kein unmittelbares Ziel verfolgen, zum Beispiel kein Thema nur »abarbeiten« möchten. Vielmehr geht es darum, mit den Aussagen der Teilnehmenden »mitzufloaten«, sich also von diesen treiben zu lassen, ohne dabei den Gesprächsfaden oder die Aufmerksamkeit zu verlieren. Eine wache Neugier – es wirklich wissen zu wollen, wirklich interessiert zu sein am Fortlauf der Auseinandersetzung – regt den Austausch untereinander an und hält das Gespräch im Fluss.

Befördern können wir diesen Prozess, wenn wir möglichst viele Ansichten oder Stimmen nebeneinanderstellen oder in den Austausch bringen. Es liegt in der Verantwortung des moderierenden Teams, einen Raum zu schaffen, in dem sich alle Gruppenmitglieder sicher genug fühlen, um ihre eigenen Sichtweisen offen zum Ausdruck zu bringen. Dabei ist die Sichtweise *einer jeden Person* wichtig und wird bedingungslos akzeptiert. Wir dürfen die Teilnehmenden nicht dazu bringen, anders zu denken oder zu fühlen, als sie es tun.

Diese Vorgehensweise lässt ein offenes, dialogisches Kommunizieren zu. Alle Teilnehmenden fühlen sich gehört und in ihren Sichtweisen respektiert. Sie haben das Gefühl, dass auf sie eingegangen wird. Ein gemeinsames, wechselseitiges Nachdenken wird möglich. Das moderierende Team reagiert auf das, was von den Teilnehmenden kommt, und versucht, mit den eigenen Fragen dazu beizutragen, dass der Austausch untereinander in Schwung kommt.

Hilfreich kann es sein, einzelne Wörter, Assoziationen oder Satzfragmente der Teilnehmenden aufzugreifen, um ihnen zu zeigen, dass sie wahrgenommen werden. Auch wenn einzelne Aussagen »verrückt« erscheinen sollten: Das moderierende Team hört auf die bedeutungsvollen und »logischen« Aspekte dieser Äußerungen und versucht, sie zu verstehen, ohne das Gesagte mit eigenen Interpretationen oder vorschnellen Schlüssen zu überlagern. Das kann anstrengend sein, sich bisweilen auch quälend anfühlen. Im Prinzip geht es dabei darum, den Teilnehmenden und ihren eigenen Einsichten und Lösungskompetenzen zu vertrauen.

Außerdem trägt das moderierende Team die Verantwortung dafür, immer wieder auf den gegenwärtigen Moment (»now moment«, STERN 2005) eines Treffens zu achten. Das kann es auf zwei Arten und Weisen tun: Erstens können die Moderierenden auf die unmittelbaren Inter- und Reaktionen der Teilnehmenden eingehen, die während des Gesprächs auftreten, ohne diese jedoch unmittelbar zu deuten – und hier vor allem auf die nonverbalen Anteile der Kommunikation, die Gesten und Bewegungen der Teilnehmenden, ihre Atmung, Veränderungen im Tonfall ihrer Stimme oder ihren Gesichtsausdruck (siehe Exkurs »Über die Effekte von »handelnden Körper«). Zweitens können wir einen Gesprächsrahmen schaffen, in dem das Fühlen und der Ausdruck von Gefühlen möglich ist. Wenn also während des Austausches Gefühle aufkommen wie Traurigkeit, Ratlosigkeit oder Freude, ist es unsere Aufgabe als moderierendes Team, für diese Gefühle Raum zu schaffen, ohne, auch hier, diese emotionalen Reaktionen zu deuten.

Exkurs: Über die Effekte von »handelnden Körper«

In den Achtzigerjahren erhält der Körper mit dem sogenannten »bodily turn« in den Sozialwissenschaften eine Dreidimensionalität und dadurch Lebendigkeit, die ihm zuvor nicht zugesprochen worden war. Der Begriff des »embodiment« bezeichnet dabei einen primär leiblich vermittelten Zugang zur Welt, der Körper wird also als eine erlebende und aktiv handelnde, tätige Substanz aufgefasst. Anstatt kulturelle Werte und Symbole bloß zu repräsentieren, wird der Körper damit vom Objekt zum Subjekt des sozialen Austausches. Er erhält eine eigene Art

der Wirkungsmacht und wird zu einer produktiven Quelle der sozialen Ordnung. Heruntergebrochen auf unser therapeutisches Handeln, können folgende Einsichten von Bedeutung sein:
Alles Sein ist körperlich verfasst, und der Körper ist Quelle der gemeinsamen Verständigung. Kommunikation findet vor allem auf der nonverbalen Ebene statt. Eine solche Sicht ist kein Plädoyer dafür, die Sprache außer Acht zu lassen; sie stellt lediglich die Hierarchie von Geist und Körper infrage und denkt ihr Zusammenspiel neu.
Körpersprache, -haltung und -bewegungen werden durch die Kultur beeinflusst. Der Körper ist nicht nur passiv, sondern selbst aktiv handelnd – Körper sind nicht, sondern sie tun! Eine »spürende Verständigung« mithilfe von Bewegungen, Stimme, Blicken und Gebärden führt zu differenzierten und wechselseitigen Abstimmungsprozessen (sinnlich-leiblicher Dialog). Dieser Austausch funktioniert oft vorreflexiv, automatisch und ungesteuert, kann aber in Teilen auch bewusst umgesetzt werden.

Weiterführende Literatur

Merlau-Ponty, M. (1962): Phenomenology of perception. London: Routledge.
Bourdieu, P. (1982): Die feinen Unterschiede. Frankfurt am Main: Suhrkamp Verlag.

Lehr- und Schulungsmaterialien können einen solchen Gesprächsraum einengen. Sie können dazu führen, dass die dialogische Qualität, also die Wechselseitigkeit des Erfahrungsaustausches zwischen dem moderierenden Team und den Teilnehmenden aus dem Blick gerät: Anstatt einer offenen, neugierigen, partnerschaftlichen Zusammenarbeit, von der *beide* Seiten profitieren, kann eine einseitig dominierte Informationsvermittlung treten, die uns im klinischen Alltag so häufig begegnet. Teilnehmende könnten dadurch lernen, vor allem auf das Wissen des moderierenden Teams zu vertrauen, anstatt sich selbst als Expertinnen und Experten in eigener Sache aufzustellen.
Daher verzichten wir weitgehend auf den Einsatz formalisierter Lehrmaterialien, wie Handouts oder Flipcharts, denn aufbereitete Schulungsinstrumente bergen immer die Gefahr, Inhalte auf eine bestimmte, nämlich oft medizinische Weise festzulegen und vorrangig eine professionelle Expertise sichtbar zu machen (Ikehata u. a. 2015).
Manche Teilnehmenden wünschen sich Unterlagen oder den Einsatz eines Flipcharts, um sich besser orientieren oder konzentrieren zu

können. Diesem Wunsch sollte nachgekommen werden. Jedoch sollte der Einsatz begrenzt sein und die Teilnehmenden sollten darauf aufmerksam gemacht werden, dass diese »Techniken« immer auch das Risiko beinhalten, Inhalte festzuschreiben (siehe Exkurs: Über das Wesen von »handelnder Materie«). In jedem Fall sollte während der gesamten Gruppenarbeit vermieden werden, Wissen in einer »top down«-Weise an die Teilnehmenden zu vermitteln. Weder sollten Hausaufgaben aufgegeben noch Rollenspiele verordnet werden. Ebenso sollte es vermieden werden, bestimmte Inhalte vorangegangener Sitzungen zu wiederholen, vor allem auch, weil es in der recoveryorientierten Gruppenarbeit nicht primär um Wissens*vermittlung* durch das moderierende Team geht, sondern um das Aufspüren persönlicher Erfahrungen im Austausch untereinander.

Exkurs: Über das Wesen von »handelnder Materie«

Auf den »bodily turn« folgte in den Sozialwissenschaften der »materialist turn«, durch den auch Gegenständen und Räumen eine wesentliche Rolle in der Herstellung von Wirklichkeit zugeschrieben wurde. Eine solche Auffassung richtet sich gegen die Vorstellung, dass Veränderungen vor allem durch ein planvolles, menschlich-intentionales Vorgehen hergestellt werden, während Gegenstände und Räume als statisch, immobil, stumm, passiv und somit sekundär in der Produktion von Wirklichkeit verstanden werden.

Heruntergebrochen auf unser therapeutisches Handeln, können folgende Einsichten von Bedeutung sein:

Auch von Räumen und Dingen geht eine soziale Wirkung aus; sie sind nicht nur teilnahmslos und passiv, sondern formen das Miteinander derjenigen, die sie nutzen. Räume und Dinge geben Handlungsmöglichkeiten vor: Sie können krank und gesund machen; sie beeinflussen Bewegungsmuster und können Rollen zuweisen.

Räume und Dinge existieren aber auch nicht unabhängig von Kommunikation. Sie werden innerhalb von körperlich und sprachlich verfassten Interaktionen wahrgenommen und bewertet. Demzufolge haben sie einen wesentlichen Anteil daran, wie sich Wirklichkeit ausgestaltet – sie wirken oft unmerklich, »aus dem Verborgenen«, dafür sind sie häufig umso wirkungsvoller.

Weiterführende Literatur

Haraway, D. (1991): Simians, cyborgs and women. London: Routledge.

Latour, P. (1998): Wir sind nie modern gewesen. Köln: Fischer-Verlag.

Auch in den einzelnen Gruppensitzungen sind eine größtmögliche Flexibilität und Offenheit die leitenden Prinzipien. Es geht um die Auseinandersetzung mit der eigenen Situation, wobei die Teilnehmenden frei entscheiden, *wann* sie *welche* persönlichen Erfahrungen *in welcher Weise* zum Thema machen. Um Recovery zu fördern, sollte den Teilnehmenden ein selbstbestimmtes Mitreden und -denken und Selbstreflexivität ermöglicht werden (AMERING, SCHMOLKE 2012). Anstatt also Sach- und Wissensfragen zu (er-)klären, sollte das moderierende Team die Teilnehmenden dazu ermutigen, sich selbst wahrzunehmen und den eigenen Vorstellungen und subjektiven Konstruktionen zu vertrauen. Die Teilnehmenden sollten voneinander lernen können und die Möglichkeit erhalten, sich und ihre Situationen durch den Austausch in der Gruppe besser zu verstehen. In diesem Sinne entspricht unser recoveryorientiertes Gruppenformat in vielen Aspekten den Angeboten der Selbsthilfe, mit dem großen Unterschied, dass es sich um ein moderiertes Format handelt.

→ Ein offener Erfahrungsaustausch der Teilnehmenden untereinander sollte gegenüber einer einseitigen Vermittlung von »Fachwissen« durch das moderierende Team bevorzugt werden.
Dieser Austausch soll Mitsprache und Mitbestimmung ermöglichen und zu einem Rückgewinn von Selbstvertrauen und -verstehen führen.
Die Haltung des moderierenden Teams sollte durch eine wache Neugier und Zurückhaltung geprägt sein und einen gefühlsstarken Austausch, ohne Deutung oder Wertung, ermöglichen.
Auf den Einsatz von formalisierten Lehr- und Schulungsmaterialen sollte weitgehend verzichtet werden, da diese in Gefahr stehen, Wissensbestände einseitig festzulegen. ←

Rolle und Haltung des moderierenden Teams

Die recoveryorientierte Gruppenarbeit lebt davon, dass sich auch die Mitglieder des moderierenden Teams als Lernende begreifen. Entscheidend ist eine gemeinsame Suchbewegung: Sowohl die Teilnehmenden als auch die Moderierenden versuchen, sich selbst, aber auch ihr Gegenüber zu verstehen und zu ergründen. Diese gemeinsame Suchbewegung entspricht eher dem Wesen der Genesungsbegleitung oder Selbsthilfe als einem üblichen therapeutischen Gruppenformat

(GILLARD u.a. 2015). Sie ist nachweislich ein wichtiger Wirkfaktor in der Peerberatung (MAHLKE u.a. 2014) und von großer Bedeutung, damit sich die Beziehungen zwischen Teilnehmenden und Moderierenden ebenbürtiger ausgestalten. Wechselseitiges Lernen führt zu mehr Gleichrangigkeit, es gibt nicht mehr nur *eine* wissende Partei, die einseitig die *andere* Rat suchende Seite unterstützt, sondern beide Parteien verfügen über wertvolle Wissensbestände, die immer wieder einzelnen oder allen Beteiligten hilfreich sein können.

Zu Beginn der Gruppenarbeit kann es vor allem für Moderierende ohne Erfahrungsexpertise gewöhnungsbedürftig sein, diese Haltung einzunehmen. Zum einen sind sie es gewöhnt, zielorientiert vorzugehen, zu wissen, »wo es langgeht«. Außerdem bedeutet diese Haltung eine Machtabgabe, geht es doch vor allem um ein wechselseitiges Lernen und weniger um ein (überlegenes) Anleiten. Sie sind nicht mehr diejenigen, die allein *wissen*. Möglicherweise wissen sie besser Bescheid über bestimmte Versorgungsstrukturen oder medizinische Details. Sie haben vielleicht auch schon einige Jahre in ihrem Beruf gearbeitet und viel gesehen. Trotz alledem können sie nicht für ihr Gegenüber definieren, was ein bedeutungsvolles Leben ist. Sie wissen nicht, was die Teilnehmenden alles erfahren haben und was ihnen geholfen hat, und sind darum auf Nachfragen angewiesen.

Eine solche Haltung fordert von den Moderierenden ohne Erfahrungsexpertise einen kritischen Umgang mit der eigenen Professionalität, vielleicht auch stückweit eine *De*-Professionalisierung. Verlangt wird nicht eine *Be*-Handlung der Teilnehmenden aus einer (fach-)wissenden Position heraus, sondern ein authentisches, transparentes und partnerschaftliches Aufeinandereinlassen. Es geht um einen gemeinsamen Bildungsprozess, in dem die Moderierenden sicherlich *auch* als Expertinnen und Experten teilnehmen, diesen Prozess aber nicht einseitig und schon gar nicht mit faktischen, medizinisch gelagerten Wissensbeständen dominieren. Vielmehr geht es um ein gegenseitiges Geben und Nehmen, das mehr erfordert, als bloße fachliche Informationen zur Verfügung zu stellen.

Außerdem setzt eine solche Haltung bei den Moderierenden (selbst-)reflexive Arbeit voraus: Die eigene Sozialisation und die eigenen Vorannahmen, der Wert und die Gültigkeit der eigenen persönlichen und professionellen Wissensbestände müssen grundsätzlich und kritisch hinterfragt werden. Wie bin ich geworden? Was hat mich geprägt?

Welche beruflichen und individuellen Einflüsse haben mich zu der Person gemacht, die ich bin? Wichtige Themen sind auch das eigene Engagement während der Gruppenarbeit, die eigenen Ängste im Umgang mit sich und den anderen und die Anschlussfähigkeit an eigene Diskriminierungs- und Krisenerfahrungen zu kontinuierlichen Themen.

Letzteres ist besonders bedeutsam. Wenn wir uns für unverwundbar und unverletzlich halten, wird eine gleichrangige Beziehung zwischen uns und den Teilnehmenden nicht gelingen. Warum sollte sich eine Teilnehmerin öffnen, wenn sich die Mitglieder des moderierenden Teams selbst »nicht zeigen«? Kann in einer solchen Konstellation überhaupt Vertrauen oder ein fruchtbarer Austausch entstehen? Die Frage, wie wir als moderierendes Team mit den eigenen Brüchen und Krisen umgehen, außerhalb und innerhalb der Gruppenarbeit, ist entscheidend dafür, ob sich ein lebendiger Erfahrungsaustausch in den Sitzungen entwickeln kann.

Grundlegend ist dabei die für ein Recoveryformat bedeutsame Sicht, dass Psychoseerfahrungen eine »allgemein menschliche Reaktion auf allgemein menschliche Probleme« (Bock 2014) sind. Die Mitglieder des moderierenden Teams, und vor allem diejenigen ohne Erfahrungsexpertise, stehen nicht über diesen Erfahrungen. Auch wenn sie (vielleicht) keine Psychose selbst erlebt haben, kennen sie ebenso Ausnahmezustände und Gefühle der Verzweiflung und des Ausgeschlossenseins. Diese Gefühle gilt es, wachzuhalten, damit sie unmittelbar an die Erfahrungen der Teilnehmenden anknüpfen und mit ihnen direkter in Kontakt treten können.

Im Ergebnis kann diese Bewusstmachung dazu führen, dass sich die Mitglieder des moderierenden Teams gar nicht mehr oder weniger hinter ihren professionellen Rollen oder ihrem Fachwissen verstecken. Sie sollten als Personen spürbar werden, berührbar sein, offen, neugierig und sich selbst zur Verfügung und auch zur Debatte stellen (können). Auch sollten sie die Bereitschaft und den Wunsch haben, dazuzulernen, nicht nur im Hinblick auf die Teilnehmenden, sondern auch in Bezug auf die eigene Lebensgeschichte und die eigenen Fragen oder Probleme. Ein waches Interesse, ein aktives Mitgehen und inneres Engagement sind wichtige Schlüssel. Sie ergeben sich aus einer authentischen Suche nach Lösungen, für uns alle und in dieser Welt.

Aus unserer Sicht ist eine solche Haltung für die Förderung von

Recovery wichtig, weil sie es den Teilnehmenden erlaubt, sich *auch* als Gebende hervorzutun. Anstatt sich vor allem passiv, defizitär oder nicht wissend zu fühlen, sind sie gefragt, sich aktiv einzubringen und ihre Erfahrungen, ihr Wissen und ihre Einstellungen bereitzustellen. Wenn dieser gleichwertige, beidseitig lernende Austausch gelingt, können sich die Teilnehmenden im besten Fall (wieder) als vollwertige und handelnde Personen erleben. Psychosen können ja erschüttern und verunsichern, sodass ein solches Gefühl wesentlich sein kann, um sich auf den eigenen Genesungsweg zu begeben. In jedem Fall führt die Zurücknahme des moderierenden Teams nicht selten dazu, dass die Teilnehmenden anfangen, von sich zu sprechen. Damit ist schon vieles erreicht.

Bei dieser wechselseitig lernenden, suchenden Beziehung war Antje oft im Vorteil, da sie eher in der Genesungsbegleitung oder Selbsthilfe üblich ist. Mehr noch, ihre Anwesenheit führte dazu, dass es auch Andreas und Sebastian leichter fiel, eine solche Haltung einzunehmen. Unserer Erfahrung nach funktionieren Moderierende mit expliziter Erfahrungsexpertise in der Gruppe als eine Art Brücke: Sie verbinden Erfahrungsexpertise mit Fachwissen, sind hier auch nicht selten als Übersetzerinnen und Übersetzer gefragt und unterstreichen durch ihre Position innerhalb des moderierenden Teams die Bedeutung von Erfahrungswissen. Und nicht zuletzt verkörpern sie Hoffnung, haben sie doch eigene Recoverywege schon weit hinter sich gebracht (Walker, Bryant 2013).

Die gemeinsame »Suchbewegung« und wechselseitiges Lernen müssen häufig von Mitgliedern des moderierenden Teams ohne Erfahrungsexpertise erst geübt werden.

→ Ein menschliches Dabeisein und partnerschaftliches und wertschätzendes Einlassen sind für das moderierende Team wichtiger, als sich hinter Fachwissen »zu verstecken«.
Ein wacher Zugang zu und ein transparenter Umgang mit den eigenen Krisen und Brüchen kann die Beziehung zwischen ihnen und den Teilnehmenden gleichwertiger werden lassen.
Die Mitglieder mit Erfahrungsexpertise sind in der Annahme einer solchen Haltung oft geübter und können darum Vorbild sein. ←

Den Rahmen abstecken

Bevor wir mit dem Austausch beginnen, sollten die Rahmenbedingungen klar abgesteckt sein. Welcher Ort und welche Uhrzeit bieten sich für das Vorhaben der Gruppe an? Wie läuft eine Sitzung typischerweise ab? Wie können wir dabei Recoveryprozesse am besten anstoßen? Solchen Fragen gehen wir in diesem Kapitel nach.

Wie lange und wie oft?

Wie bereits angedeutet, ist der formale Rahmen unserer Gruppe denkbar einfach. Im Prinzip geht es um einen wechselseitigen Erfahrungsaustausch im Stuhlkreis. Der Stuhlkreis scheint uns für diesen Zweck am dienlichsten, da er den Austausch *untereinander* und dabei eine Gleichrangigkeit fördert, sowohl unter den Teilnehmenden als auch unter den Teilnehmenden und dem moderierenden Team (Ikehata u.a. 2015). Alle Beteiligten werden gesehen und können in einen ebenbürtigen und offenen Dialog treten. Weder das moderierende Team noch einzelne Teilnehmende sind durch diese Sitzordnung in irgendeiner Weise herausgehoben – es gibt keine festen Plätze, meistens setzen sich die Teilnehmenden von Sitzung zu Sitzung auf einen anderen Platz. Auch die Moderierenden sollten darauf achten, die Plätze zu wechseln.

Das Sitzen im Stuhlkreis ist also selbst schon Programm: Es soll die Prinzipien der Selbstbestimmung, Gleichrangigkeit und einer im Austausch stehenden Gemeinschaft unterstreichen, fördern oder zumindest nicht behindern. Wir betonen diese scheinbar trivialen Zusammenhänge, weil es ja durchaus Gruppen gibt, die beispielsweise in einer frontal ausgerichteten Sitzordnung arbeiten. Wir glauben, dass die Sitzordnung die *Art* des Austausches wesentlich mitbestimmt: Wie wir zueinander sitzen, beeinflusst, wie wir uns zueinander positionieren und uns fühlen; es ist darum aus unserer Sicht ganz und gar nicht trivial.

In unserem Fall fand die Gruppe im Rahmen des Leistungsangebots eines medizinischen Versorgungszentrums statt, das an eine psychiatrische Abteilung der Akutversorgung angegliedert war. Um es vorwegzunehmen: Diese Verortung hatte einen starken Einfluss auf die Zusammensetzung und den Ablauf der Gruppe. Die Gruppe sollte ungeachtet dessen aber in jedem Fall in einer ambulanten Versorgungseinrichtung angeboten werden. Zur Abrechnung können die EBM-Ziffern für Psychoedukation oder, wenn vorhanden, für Gruppentherapie herangezogen werden.
Unsere Gruppe fand im Abstand von zwei Wochen statt und umfasste insgesamt zehn Sitzungen. Zweiwöchentliche Abstände scheinen uns günstig, damit sich die Inhalte der Sitzungen und die dadurch hervorgerufenen Gefühle bei den Teilnehmenden etwas »setzen« können. Einmal nutzten wir aus organisatorischen Gründen wöchentliche Abstände; das war auch möglich, insgesamt war die Atmosphäre aber etwas zu intensiv, die nötige Ruhe für eine tiefere Auseinandersetzung und innere Vor- und Nacharbeit fehlte. Außerdem ist es ein Unterschied, ob Menschen für ein halbes Jahr oder nur knapp ein Quartal auf ihrem Recoveryweg begleitet werden. Der zweiwöchentliche Abstand ermöglicht einfach eine längere Begleitung.
Als Gruppenzeit haben sich neunzig Minuten bewährt. So können alle Phasen des Gruppendurchlaufes genügend Beachtung erfahren – neunzig Minuten ermöglichen eine ausreichende Anmoderation, eine umsichtige Auseinandersetzung mit einem Thema und einen guten Abschluss. Sie sind außerdem ein Zeitrahmen, der für die meisten Menschen intuitiv eingängig ist. Aus unserer Erfahrung lässt sich in dieser Zeitspanne ein guter inhaltlicher Bogen entwickeln. Bei Bedarf lässt er außerdem eine Pause zu; diese sollte immer angeboten werden.

→ Der Stuhlkreis eignet sich für einen gleichrangigen, wechselseitigen Austausch zwischen Teilnehmenden und Moderierenden.
Zehn neunzigminütige Sitzungen, die in zweiwöchentlichem Abstand stattfinden, erlauben in einem ambulanten Setting eine gute Intensität der Auseinandersetzung. ←

Wie ist das moderierende Team zusammengesetzt?

In unserem Fall bestand das moderierende Team aus einem Arzt für Psychiatrie und Psychotherapie, einem Fachkrankenpfleger für Psychiatrie und einer Genesungsbegleiterin mit jahrelanger Erfahrung in der Selbsthilfe, in der Begleitung und in der Beratung von Menschen mit Krisenerfahrungen. Außerdem bietet Antje seit vielen Jahren Vorträge und Workshops zum Thema Recovery an. Im Sinne unserer Prinzipien fassen wir unsere Tätigkeit eher als »Moderieren« denn als »Leiten« auf. Eine Moderation in einem Team von drei Personen bietet sich an, allein auch, um die Verlässlichkeit des Gruppenrahmens gewährleisten zu können – denn selbst wenn eine Person ausfällt, können immer noch zwei Personen kontinuierlich die Gruppe begleiten.

Gleichzeitig ist die Zusammenstellung des moderierenden Teams sicherlich austauschbar. Variabel besetzt werden können vor allem die Berufsgruppen ohne explizite Erfahrungsexpertise: Es gibt keinen Grund, warum nicht auch Ergotherapeutinnen oder Sozialarbeiter statt eines Arztes oder einer Pflegekraft die Gruppe moderieren sollten. Ein fundiertes (und kritisches) Wissen zum Thema Medikamente und zu biologisch begründeten Erklärungsmodellen sollte jedoch vorhanden sein. Außerdem hat nach Ansicht vieler unserer Teilnehmenden die Anwesenheit eines Arztes in der Gruppe dazu geführt, dass sich gewohnte Hierarchien und Rollen (hilfreich) aufgeweicht haben.

Nicht austauschbar ist hingegen die Position mindestens einer Moderatorin oder eines Moderators mit expliziter Erfahrungsexpertise. Denkbar sind hier Personen, die eine EX-IN- (Experience Involvement-) Ausbildung durchlaufen oder einen anderen reflexiven Zugang zu den eigenen Krisen- und Behandlungserfahrungen erworben haben.

Viel wichtiger als die formalen Qualifikationen ist darüber hinaus, dass sich die Mitglieder des moderierenden Teams untereinander gut kennen und zu einer gemeinsamen Sprache gefunden haben. In Vorbereitung auf die Gruppe haben wir uns unzählige Male getroffen, um das Konzept abzustimmen (oder anzupassen) und uns zu unseren Haltungen und Motivationen in Bezug auf die Gruppe auszutauschen. Immer wieder sind wir dabei über terminologische Fragen gestolpert; unser Sprachgebrauch wich teils erheblich voneinander ab und musste

sich angleichen. Diese vorbereitenden Termine lassen sich schwer formalisieren. Einige im Kapitel »Techniken für den Erfahrungsaustausch« genannten Fragen (siehe S. 59) können hier gemeinsam diskutiert und ausgehandelt werden. Wichtig ist es, sich trotz der ja oft sehr eng getakteten Arbeitsabläufe in psychosozialen Einrichtungen genug Zeit zu nehmen, um offene Fragen und Befürchtungen innerhalb des moderierenden Teams aufkommen zu lassen, also dabei nicht zu zielorientiert vorzugehen.
Auch zwischen den Gruppensitzungen sollten wir für die Teilnehmenden erreichbar sein. In unserem Fall haben wir einen Flyer entworfen, auf dem unsere E-Mail-Adressen und/oder Telefonnummern standen. Außerdem fanden sich auf dem Flyer einige Themenvorschläge für die Gruppenarbeit wieder. In unserem Fall war die Erreichbarkeit dadurch erleichtert, dass wir alle drei auch in anderen klinischen Einheiten gearbeitet haben und wir viele der Teilnehmenden aus diesen Arbeitszusammenhängen gewonnen haben. Mit vielen standen wir also auch auf anderen Weisen in Kontakt, sie wussten, wie sie uns erreichen können, für den Fall, dass sie zwischen den Sitzungen Fragen, Erkenntnisse oder neue Gefühle besprechen wollten.
Auch, wenn das Angebot der Erreichbarkeit zwischen den Sitzungen nur selten in Anspruch genommen wurde, scheint es uns sehr wichtig, denn es hat bei uns dazu geführt, dass sich viele der Teilnehmenden während der Gruppenarbeit gut und angstfrei geöffnet haben. Außerdem war sicherlich auch unsere vernetzte Position inner- und außerhalb des Krankenhauses wesentlich für den Ablauf der Gruppe. Einige der Themen, wie erfolgte Zwangsmaßnahmen, waren dadurch einfacher und direkter zu verhandeln. Zudem war es uns so leichter möglich, ineinander übergehende oder fortführende Angebote und weitere Unterstützung, wenn notwendig, zu koordinieren.

→ Die Moderierenden ohne Erfahrungsexpertise sollten aus verschiedenen Berufsgruppen stammen.
Ein Moderierender mit Erfahrungsexpertise (EX-INler, Genesungsbegleiterin) ist unverzichtbar.
Die Mitglieder des moderierenden Teams sollten sich im Vorfeld gut kennenlernen und sich in Bezug auf Haltungen, Vorannahmen und Sprachgebrauch austauschen.
Sie sollten auch zwischen den Sitzungen für die Teilnehmenden erreichbar sein, damit Vertrauen für einen offenen Austausch entsteht. ←

Wie ist die Gruppe durchmischt?

Eine offene und vertrauensvolle Zusammenarbeit begünstigt natürlich, wenn sich manche Mitglieder des moderierenden Teams oder einige Teilnehmende schon vor Beginn der Gruppe bereits kennen und vielleicht schon vorher eine relativ enge Beziehung besteht. Das ist aber keine zwingende Voraussetzung. Etwa ein Drittel der Teilnehmenden aus unseren Gruppen haben wir im Vorfeld kaum oder gar nicht gekannt. Mit diesen haben wir vorab ein Informationsgespräch geführt, in dem wir sie gefragt haben, wieso sie an der Gruppe interessiert seien. Auch haben wir uns mit ihnen über ihre Vorstellungen und unsere Erwartungen von und an die Gruppe ausgetauscht. Fragen zur eigenen Lebensgeschichte oder Psychoseerfahrung sind in einem solchen Gespräch nicht notwendig.
Entscheidend ist: Das moderierende Team übernimmt *keine* Verantwortung dafür, ob eine Bewerberin oder ein Bewerber für das Gruppenformat geeignet ist oder nicht. Die Entscheidung, ob eine Person an der Gruppe teilnimmt, liegt allein bei dieser selbst. Es ist unmöglich, im Vorhinein zu wissen, welche Person von der Gruppe profitiert oder nicht. Wir haben immer wieder versucht, Kriterien festzulegen, im Einzelfall haben sie aber meistens wenig oder keine Bedeutung. So haben einige der Teilnehmenden berichtet, dass ihre Teilnahme an der Gruppe zum Zeitpunkt einer abklingenden Krise sinnvoll war, andere wiederum haben betont, dass der zeitliche Abstand zu ihrer Krise hilfreich war. Aus unserer Sicht ist es sicher gut, wenn sich eine Person nicht zu stark in einer Krise befindet, sodass sie entweder zu reizoffen oder zu sehr mit sich selbst beschäftigt ist. Sie sollte ausreichend Kontakt zu den anderen Teilnehmenden aufnehmen und sich auf den Austausch einigermaßen konzentrieren können. Wir haben aber auch hier einige Überraschungen erlebt, beispielsweise, dass Menschen, die sonst sehr abgelenkt waren, im Rahmen der Gruppe gut mitgewirkt haben und von ihr zu profitieren schienen.
Eine grundsätzliche Bereitschaft, Erfahrungen und Lebensumstände zu reflektieren, ist allen Menschen zu unterstellen; jede Person tut dies auf ihre Art und Weise. Gleichzeitig ist eine Einsicht in psychiatrische Krankheitsentitäten keine Voraussetzung für eine Teilnahme. Die Frage, ob die Gruppe und ihre Themen zum persönlichen Recovery- und/oder Lebensprozess passen, ist im Vorhinein oft nicht – und

schon gar nicht durch das moderierende Team – zu klären. Vielleicht bleibt als einziges Kriterium die Freiwilligkeit der Teilnahme. Der Wunsch, es zu versuchen, sich der Gruppenarbeit zu stellen und sich einzulassen, kann in der ersten Sitzung oder auch im weiteren Verlauf verblassen, sollte aber zumindest vor Beginn der Gruppenarbeit vorhanden sein.

Viel wesentlicher als Kriterien ist also, dass jemand *selbst* in der Gruppe arbeiten möchte. Wenn sich die Gruppe für diese Person im weiteren Verlauf als nicht hilfreich oder unpassend herausstellt, bleibt sie ohnehin weg. Ihr Wegbleiben kann unterschiedliche Gründe haben: die eigene Lebenssituation, ein fehlendes Interesse an den behandelten Themen, fehlende Sympathie für die Gruppe, eine Überforderung durch die Konfrontation mit dem Leid anderer, Ängste oder andere Gründe. Dies sollte nicht gewertet werden. Wichtig finden wir aber, mit der wegbleibenden Person Kontakt aufzunehmen und ihr anzubieten, über ihre Erfahrungen zu sprechen.

Im Allgemeinen muss mit einem Schwund von zwanzig Prozent gerechnet werden. Wir haben also zu Beginn meistens zehn Personen eingeladen, sodass wir im weiteren Verlauf mit sieben bis acht Personen weiterarbeiten konnten. Zu groß darf die Gruppe nicht sein, sonst kommen nicht alle Teilnehmenden ausreichend zu Wort. Wir haben in einem Durchlauf aber auch schon mal mit nur drei Teilnehmenden zusammengearbeitet, was wir ebenfalls als sehr produktiv erlebt haben.

Eine Durchmischung der Gruppe ist wünschenswert, reguliert sich aber meistens von allein. Wir haben viel mit jüngeren Menschen gearbeitet, im Alter von 25 bis 35 Jahren. Es fanden sich aber auch ältere Menschen mit Krisenerfahrungen, im Prinzip aus allen Altersklassen, Männer wie Frauen, mit vielen oder nur einer einzigen psychotischen Krise(n). Meistens haben wir die Teilnehmenden über das medizinische Versorgungszentrum oder über andere Strukturen des Krankenhauses gewinnen können. Personen, zu denen wir vorher keinen Kontakt hatten oder mit denen wir kein Informationsgespräch geführt haben, sind nicht zu der Gruppe gestoßen.

Dass wir unsere Gruppe auf Menschen mit Psychoseerfahrungen zugeschnitten haben, liegt an unseren persönlichen Interessen und Erfahrungen. Wir können nicht beantworten, ob das beschriebene Konzept auch für andere Personenkreise passt. Psychoseerfahrungen fassen wir gleichzeitig eher weit, engen sie nicht auf eine bestimmte ICD-Nummer ein. Auch Menschen mit formal bipolaren oder depressiven Störungen, die psychotische Erfahrungen machen mussten, haben an den Gruppen teilgenommen. Allein die Tatsache, Psychoseerfahrungen gesammelt zu haben, schweißt zusammen und schafft eine Basis für einen fruchtbaren Erfahrungsaustausch. Deutlich wurde ohnehin in jeder Gruppe, dass keine (Psychose-)Erfahrung der anderen gleicht!

→ Es kann hilfreich sein, wenn sich das moderierende Team und (ein Teil der) Teilnehmende(n) im Vorfeld der Gruppenarbeit schon kennen.
Das moderierende Team übernimmt keine Verantwortung dafür, welche Bewerberinnen und Bewerber für die Gruppe geeignet sind; diese entscheiden selbst.
Eine Durchmischung der Gruppe im Hinblick auf Alter, Geschlecht und Lebensgeschichte sollte angestrebt werden.
Alle Teilnehmenden sollten Psychoseerfahrungen gesammelt haben.
Teilnehmende, für die das Format (gerade) nicht geeignet ist, bleiben weg, was nicht gedeutet oder kommentiert werden sollte.
Gut ist es aber, diesen Personen anzubieten, über ihre Erfahrungen mit der Gruppe zu sprechen.
Grundlegende Kriterien, für wen die Gruppe geeignet ist, gibt es nicht; etwas Abstand zu der akuten Krise kann helfen. ←

Wie läuft eine Gruppensitzung ab?

Die Gruppensitzungen folgen einem festen Ablauf. Dies erleichtert es den Beteiligten, schnell (wieder) in den Austausch zu kommen und an Inhalten anzuknüpfen. Die Teilnehmenden wissen grob, was folgt, und können sich daran orientieren und sich im Vorfeld darauf einstellen.

Begrüßung und Blitzlicht: Zu Beginn einer Sitzung werden die Teilnehmenden begrüßt. In einem »Blitzlicht« sagen alle Beteiligten reihum in ein, zwei Sätzen, wie es ihnen geht. Ein Mitglied des moderierenden Teams kann dabei den Anfang machen, wenn gewünscht, das braucht aber nicht zu sein. Beim Blitzlicht sollte ebenfalls geprüft werden, ob das zumeist in der vorangegangenen Sitzung vereinbarte

Thema zu dem gegenwärtigen Befinden aller Beteiligten passt oder ob heute ein anderes Thema drängender ist. Außerdem bietet das Blitzlicht den Moderierenden die Möglichkeit, die Teilnehmenden besser einzubeziehen. Die Zeit für Begrüßung und Blitzlicht kann variieren, zwischen fünf und zwanzig Minuten ist alles denkbar, je nachdem, welche Themen anliegen. Auch wenn diese Anmoderation länger dauert, sollten die Moderierenden nicht unruhig werden. Ein solider Beginn der Gruppe lohnt sich meistens sehr und wirkt sich positiv auf den weiteren Ablauf aus.

Austausch: Nachdem alle Beteiligten wechselseitig darüber abgestimmt haben, über welches Thema heute gesprochen wird, ob das vereinbarte passt oder etwas drängender ist, beginnt der Austausch. Meist ist zunächst ein bedächtiges, vorsichtiges »Hin und Her« zu beobachten. Pausen entstehen, die Teilnehmenden sind noch nicht so recht in Schwung oder versuchen, sich zu sortieren. Diese Pausen sind wichtig, damit ein wirklicher Austausch entsteht, und sollten in keinem Fall durch die Moderierenden verhindert oder »übersprochen« werden. Schweigen und ein sich nur vorsichtig entwickelndes Nachdenken sind durchaus erwünscht und ein Zeichen dafür, dass der Prozess gut im Gang ist. Die Dauer von Pausen wird dabei oft von den Moderierenden überschätzt. Im Offenen Dialog gibt es die sogenannte Zehn-Sekunden-Regel: Innerlich bis zehn zu zählen und so lange eine Pause auszuhalten, wirkt zu Beginn für das moderierende Team meist künstlich, für die Teilnehmenden dagegen oft nicht.

Im weiteren Verlauf nimmt das Miteinander, das gemeinschaftliche Nachdenken, oft an Fahrt auf. Wenn das nicht der Fall ist, lohnt es sich nicht, diesen Schwung zu forcieren. Es gibt Tage, an denen einzelne (oder auch alle) Teilnehmende nicht »in Form« sind. Das darf sein und sollte nicht als Versagen seitens des moderierenden Teams ausgelegt werden. Wenn der Austausch lebhafter geworden ist, kommen häufig auch mehr Gefühle auf. Diese Gefühle können teilweise sehr heftig sein. An dieser Stelle ist es wichtig, diese Gefühle nicht zu unterbinden, auch nicht aus der Sorge heraus, sie seien für die Runde zu belastend. Alle Teilnehmenden haben Erfahrungen mit heftigen Gefühlen. Außerdem haben sie die Möglichkeit, sich selbst zu melden und um eine Pause zu bitten, wenn es für sie zu anstrengend werden sollte.

Während dieses Austausches haben die Moderierenden die Zeit fest im Blick. Spätestens 15 Minuten vor Schluss sollten sie auf das baldige

Ende der Sitzung hinweisen, damit die Beteiligten noch einmal die Möglichkeit erhalten, ihnen wichtige Inhalte einzubringen. Dieser Hinweis führt meistens dazu, dass die inhaltliche Auseinandersetzung von allein zu einem Ende kommt. Der zeitliche Rahmen von neunzig Minuten sollte nur in absoluten Ausnahmefällen überschritten werden; der neunzigminütige Spannungsbogen gilt als gesetzt, die Teilnehmenden haben sich innerlich darauf eingestellt.

Verabschiedung und Blitzlicht: Am Ende der Sitzung gibt es erneut ein kurzes Blitzlicht, in dem alle Beteiligten sagen können, wie es ihnen geht, wie sie den Austausch empfunden haben, welche Gefühle er vielleicht bei ihnen ausgelöst hat und wie sie in die Woche gehen. Außerdem wird in dieser Abschlussrunde ein Thema für die nächste Sitzung vereinbart. Im Ausnahmefall, wenn die Teilnehmenden zum Beispiel noch zu stark mit dem gegenwärtigen Thema beschäftigt sind oder es sich aus organisatorischen Gründen anbietet, kann diese Auswahl auch auf den Beginn der nächsten Sitzung verschoben werden. Es ist wichtig, darauf hinzuweisen, dass die Teilnehmenden die Moderierenden auch vor der nächsten Sitzung erreichen können, gerade wenn ein Thema »schwer verdaulich« war oder viele Gefühle aufkamen.

Ob und inwieweit eine Sitzung schriftlich protokolliert werden muss, hängt von den lokalen Gegebenheiten ab. In unserem Fall war lediglich eine Dokumentation für Abrechnungszwecke erforderlich. Ein ausführlicherer Bericht, in dem beispielsweise der genaue Gesprächsablauf wiedergegeben wird, war uns nicht wichtig; uns ging es vor allem um einen gefühlsbetonten Austausch und nicht darum, die Inhalte akribisch nachvollziehen zu können. Welche Inhalte relevant sind, bestimmen ohnehin nicht die Mitglieder des moderierenden Teams, sondern die Teilnehmenden selbst. Ob und auf welche Weise sie diese Inhalte »festhalten«, sollte also in ihrer Verantwortung liegen.

→ **Rückzug und stille Teilnahme sollten möglich sein; Teilnehmende sollten nicht dazu gezwungen werden, sich aktiv einzubringen.**
Die Sitzungen beginnen und enden mit einer Befindensrunde.
Am Ende der Sitzung und nach dem Blitzlicht zu Anfang wird sich (erneut) auf das Thema der Sitzung geeinigt.
Der Austausch sollte sich in seiner eigenen Dynamik entfalten können – Gesprächspausen und das Aufkommen von (starken) Gefühlen sind wichtig und sollten nicht unterbunden werden.

Das moderierende Team sorgt für die Einhaltung des zeitlichen Rahmens; 15 Minuten vor Ende der Sitzung weist es auf das Ende hin.
Dokumentiert wird entsprechend den organisatorischen Notwendigkeiten und entsprechend den eigenen Bedürfnissen. ←

Die erste Sitzung

Die erste und die letzten drei Sitzungen sind anders aufgebaut und weichen von dem typischen Gesprächsablauf ab. In der ersten Sitzung wird vor allem der Rahmen der Gruppenarbeit geklärt. Das moderierende Team stellt sich vor, mit seinen beruflichen und persönlichen Besonderheiten. Daraufhin folgt eine Vorstellungsrunde der Teilnehmenden; diese sollten selbst entscheiden können, wie viel sie von sich preisgeben wollen – es reicht, wenn sie nur den (Vor-)Namen sagen. Wir machen deutlich, dass diese Vorstellung die einzige Vorgabe seitens des moderierenden Teams sein wird. Sie dient allein dazu, einen Schutzraum zu schaffen, in dem gegenseitiger Respekt und Verständnis füreinander möglich werden. Alles andere findet sich von allein im weiteren Verlauf.
Im Anschluss stellen wir die Gruppenregeln vor. Diese werden im Allgemeinen sehr gut aufgenommen. Uns ist es wichtig, keine Regel aufzustellen, die nicht nachvollziehbar oder begründbar ist. Sicherlich können Regeln dazu führen, dass Spontaneität verloren geht. Dennoch kann ein Mangel an Struktur verunsichern und zu Konflikten führen. Wenige, gut ausgehandelte Regeln können den Austausch in Schwung halten – natürlich können sie immer bei Bedarf geändert oder erweitert werden.
Wir haben uns daher für folgende Regeln entschieden:

- **Wir gewährleisten Vertraulichkeit.** Die ausgetauschten Inhalte werden, wenn überhaupt, nur anonymisiert nach außen getragen.
- **Niemand muss sprechen.** Es ist durchaus erlaubt, nur zuzuhören.
- **Jeder kann zu jedem Zeitpunkt den Raum, auch ohne Begründung, verlassen.** Die Sitzungen werden unterbrochen, wenn es jemandem nicht gut geht.
- **Erfahrungen und Meinungen werden nebeneinander stehen gelassen.** Das Gesagte wird nicht gewertet – jede Person schaut anders auf die Welt und geht anders mit sich und den eigenen Erfahrungen um.

- **Alle Beteiligten gehen wertschätzend und rücksichtsvoll miteinander um.** Das anleitende Team behält sich vor, bei Missachtung moderierend-intervenierend einzugreifen.
- **In der Gruppe wird keine Gewalt geduldet, egal welcher Form.** Viele Teilnehmende haben in ihrem früheren Leben Gewalt erfahren und könnten sonst retraumatisiert werden.
- **Es wird um eine kontinuierliche Teilnahme gebeten.** Dies ist wichtig, damit eine gemeinsame Arbeitsatmosphäre und wechselseitiges Vertrauen entstehen kann.
- **Wenn ein Teilnehmender verhindert ist, bitten wir um Absage.** So brauchen sich die Teilnehmenden und auch wir uns keine Sorgen zu machen, dass etwas passiert ist.
- **Das moderierende Team ist zwischen den Sitzungen erreichbar.** Die Teilnehmenden können sich bei den Moderierenden melden, beispielsweise, wenn starke Gefühle oder Fragen aufkommen.

Die restliche Zeit der ersten Sitzung wird darauf verwendet, mögliche Themen für die Gruppensitzungen zu sammeln. Hier haben die Teilnehmenden die Gelegenheit, auszuführen, welche Themen ihnen wichtig wären und für was sie die Gruppe nutzen wollen. Diese offene Themenwahl und -sammlung entspricht den Prinzipien von Recovery (Amering, Hofer u. a. 2002) – und ist uns außerordentlich wichtig. Sie widerspricht vielen anderen Gruppenformaten, die einen durch die Moderierenden vorgegebenen Themenkatalog vorsehen, und läuft einer umfänglicheren Manualisierung unseres Gruppenformats zuwider. Gleichzeitig ist es unserer Erfahrung nach nicht unbedingt notwendig, Themen vorzugeben, da die Teilnehmenden ohnehin von allein zu ähnlichen Themen kommen – die Fragen von uns Menschen an das Leben sind eben nur bedingt variabel.

In einem nächsten Schritt protokolliert und ordnet das moderierende Team die Themenvorschläge der Teilnehmenden. Die Themenblöcke werden auf Papier festgehalten und den Teilnehmenden zu Beginn der zweiten Sitzung ausgehändigt. So hat jeder Teilnehmende eine Übersicht, welche Themen bei der Gruppenarbeit anstehen. Meistens ergeben sich etwa sieben bis neun Themenblöcke, sodass die Sitzungen gut gefüllt werden können. Manchmal generiert die Gruppe im Verlauf der weiteren Arbeit neue Themen, einige Themen, die zu Beginn relevant erschienen, scheinen nicht mehr so bedeutsam zu sein oder wurden von Teilnehmenden vorgeschlagen, die der Gruppe im weiteren Verlauf ferngeblieben sind. Gewöhnlich gelingt es immer gut und in partnerschaftlicher Weise, sich gemeinsam auf relevante Themen zu einigen.

→ In der ersten Sitzung werden die Gruppenregeln vorgestellt; auf ihre Einhaltung sollte auch in den nachfolgenden Sitzungen geachtet werden, damit ein sicherer Rahmen entsteht.
Die Moderierenden und Teilnehmenden stellen sich gegenseitig vor und schlagen Themen für die weitere Gruppenarbeit vor.
Diese werden protokolliert und in der zweiten Sitzung ausgehändigt; sie sind der »rote Faden«, der die Sitzungen durchzieht. ←

Die letzten Sitzungen

Während der letzten drei Sitzungen wird den Teilnehmenden wiederholt das Ende der Gruppe vergegenwärtigt. Nicht selten nehmen sie das Ende als verfrüht wahr, man habe sich doch gerade so gut aufeinander eingelassen und Vertrauen zueinander gefasst. Fast immer besteht der Wunsch, die Gruppe fortzusetzen. Aus unserer Sicht ist eine Fortführung der Gruppe über die zehnte Sitzung hinaus nicht zu empfehlen. Zehn Sitzungen waren zu Beginn angekündigt, dieselbe Spannung für eine, vielleicht sogar zeitlich unbegrenzte Verlängerung aufzubringen, wird allen Beteiligten nicht leichtfallen. Außerdem handelt es sich um ein zeitlich begrenztes Format, das keine langfristige Gruppentherapie ersetzen soll.
Gemeinsam mit einigen Teilnehmenden haben wir immer mal wieder ein Ehemaligentreffen in Erwägung gezogen, dann aber aus organisatorischen Gründen leider nicht weiterverfolgt. Ein solches Anschlussformat bedürfte einiger Vorbereitung: Die Zeit in der Gruppe ist intensiv, ein nicht ausgereiftes Anschlussformat kann diesen Eindruck verwässern. Nicht selten haben sich die Teilnehmenden im Anschluss an die Gruppe aber selbst organisiert und Telefonnummern oder Adressen ausgetauscht. Einige Freundschaften sind auf diesem Wege entstanden.
In der Schlusssitzung blicken Moderierende und Teilnehmende noch einmal gemeinsam (kritisch) zurück. Es ist wichtig, dass die Teilnehmenden ansprechen können, was ihnen gefallen und was ihnen nicht

gefallen hat. Sie können, müssen aber nicht offenbaren, was sie für sich mitgenommen haben, welche Erkenntnisse ihnen neu waren und welche Veränderungen die Gruppenteilnahme in ihrem Leben mit sich gebracht haben. In der letzten Sitzung besprechen wir häufig auch, welche Möglichkeiten der Begleitung, Unterstützung und Beratung über die Gruppe hinaus existieren. Am Ende geben wir den Teilnehmenden eine Liste mit Adressen mit, in der lokale Selbsthilfegruppen, Beschwerdestellen, Trialogveranstaltungen, psychotherapeutische Angebote und Beratungsstellen vermerkt sind. Auf diese können die Teilnehmenden nach Abschluss der Gruppe zurückgreifen.

→ Ab der drittletzten Sitzung wird widerholt auf das Ende der Gruppenarbeit hingewiesen, damit die Teilnehmenden die Chance erhalten, Themen aufzugreifen, die ihnen noch wichtig sind.
Eine Fortführung der Gruppe über zehn Sitzungen hinaus empfiehlt sich nicht, denn es kann dazu führen, dass der Spannungsbogen reißt.
Ein Anschlussformat wie ein Ehemaligentreffen ist denkbar, bisher aber noch nicht zu Ende gedacht worden.
Die letzte Sitzung sollte dazu genutzt werden, auf die Gruppenarbeit kritisch zurückzuschauen und sich gegenseitig gut zu verabschieden.
Die Moderierenden sollten den Teilnehmenden in der letzten Sitzung eine Liste mitgeben, in der lokale Selbsthilfegruppen, Beschwerdemöglichkeiten und andere Angebote zusammengestellt sind. ←

Techniken für den Erfahrungsaustausch

In diesem Kapitel wollen wir einige Techniken vorstellen, die sich während der Moderation unserer Gruppe als hilfreich erwiesen haben. Viele dieser Techniken werden bereits in der Selbsthilfe oder in anderen therapeutischen Angeboten eingesetzt, um einen Erfahrungsaustausch in Schwung zu bringen (siehe auch Einflüsse, S. 27). Wir haben also auch die Techniken nicht »erfunden«, sondern während unserer Gruppendurchläufe lediglich erprobt. Techniken einfach »technisch« anzuwenden, widerläuft unserem Gruppenformat. Sie müssen für das moderierende Team passen und ihnen liegen. So sind die nachfolgenden Ausführungen als Vorschläge zu verstehen und keineswegs bindend.

Wenn Sie andere Techniken entwickelt haben, mit Menschen gut in den Kontakt zu kommen und die Teilnehmenden einer Gruppe untereinander ins Gespräch zu bringen, sollten Sie in jedem Fall Ihre eigene Art und Weise vorziehen. Jedoch sollten Sie darauf achten, dass die von Ihnen entwickelten Techniken den Prinzipien von Recovery entsprechen (siehe S. 33).

Unserer Ansicht nach gibt es bestimmte therapeutische Verhaltensweisen, die Recoveryprozesse bei Menschen mit seelischen Krisenerfahrungen fördern, und andere, die in dieser Hinsicht als eher behindernd einzuschätzen sind. In diesem Sinn wollen wir die von uns angewandten Techniken nachfolgend im Hinblick auf ihre Recoveryorientierung begründen. Eine Haltung oder ein Milieu lässt sich durch bestimmte strukturelle Bedingungen herstellen, und mehr noch, diese strukturellen Bedingungen sind gewissermaßen die Voraussetzungen für die Herstellung dieser Haltung oder dieses Milieus.

So reicht es nicht aus, die einzelnen Prinzipien zu benennen, um das *Wie* unseres Gruppenformats, also die *Art und Weise*, *wie* der Erfahrungsaustausch abläuft, zu verdeutlichen. Es braucht Techniken, konkretere und umsetzbare Empfehlungen für das Verhalten des moderierenden Teams, die zu einer bestimmten Haltung und einem bestimmten Gruppenklima führen *können*. Wir schränken hier ein, weil es sich unserer Meinung nach nicht um kausale Beziehungen handeln kann: Ob eine Technik zu einer bestimmten Haltung oder einem bestimmten Gruppenklima führt, lässt sich nicht vorhersagen. Wenn bestimmte Techniken angewandt werden, erhöht dies aber die *Wahrscheinlichkeit*, dass sich eine bestimmte Haltung oder ein bestimmtes Milieu herstellt. Notwendig ist weiterhin die Reflexivität des moderierenden Teams: Jede und jeder prüft für sich und gemeinsam als Team überprüft das moderierende Team, *während* und *nach* den Sitzungen, ob die gewünschten und recoveryförderlichen Effekte wirklich eingetreten sind.

Lebendigkeit und Offenheit

Jede Sitzung sollte für die Moderierenden etwas Besonderes sein. Trotz Gewusel und Alltagshektik sollten die Mitglieder des moderierenden Teams sich einzeln oder im Team vor *jeder* Sitzung ein paar Minuten Zeit nehmen, um sich diese Einstellung zu vergegenwärtigen. Eine leichte Aufregung und eine wache, spielerische Neugier seitens des moderierenden Teams, ob es heute wieder gelingen wird, untereinander in den Austausch zu kommen, gehören zum Erfolg einer Sitzung dazu. Wenn die Sitzungen zur Routine werden, raten wir dazu, das Angebot eines recoveryorientierten Gruppenformats einzustellen. Sichtbar wird das häufig daran, dass Teilnehmende einfach wegbleiben. Sie merken, dass es in der Gruppenarbeit an Spannung fehlt, an einem ernsthaften Interesse aneinander und an einem Ringen um gemeinsamen Austausch.
Diese Einstellung entspricht dem Grundgedanken, dass therapeutische Angebote vor allem dann Recoveryprozesse unterstützen und begünstigen können, wenn sie als *Projekte*, also als nicht abgeschlossen und dynamisch verstanden werden. Wenn der therapeutische Alltag zur Routine wird, die Abläufe träge und hohl werden, dann kommt auch bei Menschen mit Krisenerfahrungen nichts in Bewegung. Diese Einsichten sollten jedoch nicht dazu führen, dass die Mitglieder des moderierenden Teams in Aktionismus verfallen. Stattdessen geht es um ein lebendiges (und dabei gerne auch stilles und konzentriertes) Engagement und um ein waches Interesse – eine Haltung, die durch

konzentrative Arbeit *vor* und *im Verlauf* der einzelnen Gruppensitzungen durchaus herzustellen ist.

Wenn es den Mitgliedern des moderierenden Teams während der Gruppenarbeit auch um sie *selbst* geht, fällt eine solche Haltung leichter. Eine recoveryorientierte Beziehung funktioniert vor allem dann besonders gut, wenn beide Seiten daran interessiert sind, dazuzulernen. Um eine offene und lebendige Haltung während der Sitzungen zu befördern, können sich Moderierende folgende Fragen stellen: Wie steht es um meine Bereitschaft, zu lernen? Lasse ich mich auch belehren, oder weiß ich alles besser? Löse ich in der Gruppe auch eigene Fragen und Probleme oder nur diejenigen der anderen? Stelle ich auch Fragen an die Gruppe, die für mich selbst relevant sind, und bin ich wirklich neugierig auf die Antworten der Teilnehmenden? Bin ich gerührt durch den Austausch, oder stehe ich »drüber«?

Weiterhin eignen sich offene Fragen an die Gruppe, um den Austausch lebendig zu halten. Fragen, deren Antwort wir schon im Vorhinein zu wissen meinen, führen nicht zu einem beidseitig fruchtbaren Austausch. Es wirklich wissen, wirklich dahintersteigen zu wollen, ist eine Haltung, die auch beim Gegenüber zu Reflexivität und zum Nachdenken führt. Die Flexibilität in der Themenwahl ist mehrfach schon angesprochen worden und eine weitere Technik, um den Austausch im Fluss zu halten und an den gegenwärtigen Bedürfnissen aller Beteiligten auszurichten. Wenn flexibel mit Themen umgegangen wird, können sich die Teilnehmenden stärker mit der eigenen Geschichte selbstbestimmt auseinandersetzen. Und das ist wichtig, um Recoveryprozesse anzustoßen.

→ **Wenn die Gruppenarbeit zur Routine geworden ist, sollte sie lieber eingestellt werden.**
Sie kann nur dann Recoveryprozesse fördern, wenn sich das moderierende Team über die Sitzungen hinweg eine wache Neugier erhält.
Diese Lebendigkeit stellt sich leichter her, wenn es den Moderierenden während der Gruppenarbeit (auch) um sich selbst geht.
Offene Fragen – Fragen, deren Antworten wir noch nicht (zu) kennen (glauben) – eignen sich, um den Austausch in Bewegung zu halten. ←

Sich zurücknehmen

Der Anspruch an eine engagierte, lebendige Haltung darf also nicht in Aktionismus münden. Ganz im Gegenteil, die Mitglieder des moderierenden Teams sollten sich während der Gruppenarbeit eher zurücknehmen. Wie bereits erwähnt, sollten sie die eigenen (Fach-) Wissensbestände zurückstellen oder als *nur eine* mögliche Perspektive auf psychisches Kranksein verstehen und vermitteln. Demgegenüber ist es erwünscht, eigene persönliche und berufliche *Erfahrungen* einzubringen. Dies gelingt nur, wenn sich die Moderierenden aktiv an dem Austausch beteiligen und die Aussagen der Teilnehmenden in Bezug zu sich selbst und ihr Leben setzen. Hierzu müssen sich die Mitglieder des moderierenden Teams fortlaufend mit sich selbst auseinandersetzen: nicht nur zum Zeitpunkt der Gruppenvorbereitung, sondern auch vor jeder einzelnen Sitzung und während der Sitzungen selbst.

Um in eine selbstreflexive Haltung zu finden, können folgende Fragen hilfreich sein: Was will ich für mich als Person in der Gruppe erreichen? Was erhoffe ich mir, dazuzulernen? Wo bin ich selbst auf der Suche? Was bedeutet Recovery für mich, welche eigene (Recovery-) Geschichte habe ich? Wo liegen meine eigenen Diskriminierungserfahrungen? Welche Krisen sind in diesem Zusammenhang wichtig für mich gewesen?

Diese Fragen können es den Moderierenden erleichtern, sich zurückzunehmen, weil sie dazu führen, dass sie sich *selbst* eher als Teilnehmende und nicht als Leitungspersonen verstehen. Dadurch können sich die Beziehungen zwischen den Mitgliedern des moderierenden Teams und den Teilnehmenden auch viel eher als gleichrangig ausgestalten: Alle an der Gruppe Beteiligten sitzen in einem Boot, Psychoseerfahrungen sind nicht *grundsätzlich* etwas anderes als die Krisen der Moderierenden. Außerdem sollen die Moderierenden durch diese Fragen weniger in die Versuchung geraten, es besser zu wissen. Therapeutisch Tätige können unserer Ansicht und der Meinung anderer Autoren nach (DEEGAN 2013) Recoveryprozesse am besten unterstützen, wenn sie sich selbst nicht als besonders qualifiziert für die Erklärung oder Lösung von Problemen *anderer* verstehen, sondern *selbst* auf der Suche sind und sich auf diesem Weg mit ihren eigenen, eher persönlichen Erfahrungen einbringen.

Im Prinzip bedeutet diese Haltung für die Moderierenden eine Abgabe von Macht und Deutungshoheit. Ihre Aufgabe ist es, die

Teilnehmenden gut untereinander in den Austausch zu bringen, zu moderieren und nicht die Leitung zu übernehmen oder fortwährend Antworten und Lösungen auf die Fragen der Gruppe zu finden. Dies gelingt nur, wenn sie Vertrauen in die Gruppe haben. Der Satz »Die machen das schon!« kann dabei helfen, sich zurückzunehmen und Verantwortung zu übergeben. Es geht also um ein wirkliches Zutrauen in die eigenen Lebenswege der Teilnehmenden und um ein Vertrauen in ihre selbstorganisatorischen Fähigkeiten während der Gruppenarbeit – ein Gefühl übrigens, das für das moderierende Team selbst zu einer großen Entlastung führen kann.

→ **Die Fach- und Wissensbestände der Moderierenden sollten während des Austausches eher zurückgestellt und nur als eine mögliche Perspektive eingebracht werden.**
Eine solche Zurücknahme ist nur möglich, wenn sich die Moderierenden mit der eigenen Geschichte, den eigenen Vorannahmen, Wünschen und Vorstellungen auseinandersetzen.
Die Zurücknahme soll auch dazu dienen, dass eine gleichrangige Beziehung zwischen den Moderierenden und den Teilnehmenden entstehen kann; das setzt eine Machtabgabe und ein wirkliches Zutrauen in die Teilnehmenden seitens des moderierenden Teams voraus. ←

Sich verantwortlich fühlen

Dieses Vertrauen in die Gruppe darf bei den Moderierenden jedoch nicht zu einer Einstellung des »Laissez-faire« führen, also zu einer Passivität oder Teilnahmslosigkeit. Wichtig für die Moderation ist es, sich verantwortlich zu fühlen; nicht dafür, dass die Teilnehmenden Lösungen für ihre Lebenssituationen finden, sondern dafür, dass sie sich in der Gruppe wohlfühlen und gut miteinander ins Gespräch kommen können.
Ein solches Gefühl kann sich durch folgende Fragen einstellen: Bin ich gerade achtsam genug? Fühlen sich alle wohl? Muss ich überhaupt gerade dafür sorgen, dass sich alle wohlfühlen? Gibt es Personen, die sich im Moment nicht beteiligen? Was macht diese fehlende Beteiligung mit mir? Welche Gefühle löst sie aus? Welche Impulse habe ich? Für wen sind diese Impulse nutzbringend?

Diese Form der Verantwortung unterscheidet sich von der im therapeutischen Alltag oft gefühlten Verantwortung, zu helfen, Lösungen zu finden, den Betroffenen ihr Leben zu erleichtern oder es für sie richten zu wollen. All dies können wir als Moderierende nur bedingt oder gar nicht leisten. Mehr noch, eine solche, oft wohlgemeinte Haltung kann dazu führen, dass die Suchbewegung nach und das Finden von *eigenen*, für sich selbst passenden Lösungen eher behindert als ermöglicht werden. Hier kann es nützlich sein, sich das im Offenen Dialog übliche Konzept des »Nicht-Wissens« in Erinnerung zu rufen. Auch wir therapeutisch Tätige wissen nicht *die* Lösung. Wir können schon gar nicht passgenaue Lösungen für immer einzigartige Lebenswege anbieten. Allenfalls können wir einen geeigneten, heilsamen und verlässlichen Rahmen und ein sicheres Gruppenmilieu bieten, damit die Teilnehmenden selbst Lösungen oder Antworten für sich finden. Und wir können möglicherweise hilfreiche, nämliche offene Fragen stellen, damit ihnen dies leichter gelingt.

Verlässlichkeit, Transparenz in Bezug auf die eigene Verfügbarkeit (auch zwischen den Gruppenterminen) und eine kontinuierliche Teilnahme des moderierenden Teams an den Sitzungen sind dabei extrem wichtig. Die Teilnehmenden merken sofort, wenn das Interesse und Engagement der Moderierenden nachlassen. Es ist beispielsweise sofort für sie spürbar, ob sich die Moderierenden von ihrem vorangegangenen Arbeitsalltag lösen und sich wirklich und wach auf die Gruppenarbeit einlassen können – wenn dies nicht gelingt, sprechen das die Teilnehmenden auch an, wenn die Moderierenden Glück haben. Sie merken, ob es ebenfalls ihnen ein Anliegen ist, gemeinsam nach Antworten zu suchen, ob auch sie versuchen, dranzubleiben und nicht aufzugeben.

Zu diesem Zweck sollten die Gruppeninhalte auch *zwischen* den Gruppensitzungen bei den Moderierenden (innerlich) präsent sein. Die Teilnehmenden müssen spüren, dass die Gruppe ebenso den Mitgliedern des moderierenden Teams wichtig ist, dass diese neugierig auf den Fortlauf des Gruppengeschehens warten – wie bei einer guten Serie, die wir gebannt verfolgen. Angesichts der vielen Anforderungen unserer beruflichen und privaten Alltage ist es allerdings nicht immer einfach, die Inhalte der Gruppensitzungen, »die Gruppe«, über die zwei Wochen weiter in sich zu tragen und wirken zu lassen.

→ Eine wache Aufmerksamkeit, ein »Dranbleiben« ist im Hinblick auf den Austausch und die Gruppenprozesse besonders wichtig.
Diese Verantwortung sollte sich nicht, wie sonst im therapeutischen Alltag, darauf beziehen, Lösungen zu finden oder den Teilnehmenden das Leben zu erklären oder es für sie zu richten.
Sie bezieht sich vielmehr darauf, ein verlässliches, innerlich präsentes und transparentes Gruppenmilieu herzustellen, das einen offenen Austausch ermöglicht. ←

Austausch ermöglichen

Welche Techniken gibt es, um einen dichten Erfahrungsaustausch zu ermöglichen? Unsere erste und wichtigste Empfehlung ist: Wann immer die Teilnehmenden gut im Gespräch sind, halten sich die Moderierenden eher zurück. Zwischendurch darf auch einmal Stille entstehen, während der die Teilnehmenden Zeit zum Nachdenken haben. Sich zurückzuhalten bedeutet in keinem Fall Passivität. Auch die Angst vieler Moderierender, dass sich eine Teilnehmerin oder ein Teilnehmer nicht kurz genug fassen kann und anderen dadurch zu wenig Raum lässt, ist oft unbegründet. Meistens regulieren die Teilnehmenden die Gesprächszeit untereinander sehr gut, ansonsten gibt es Techniken, an dieser Stelle freundlich nachzuhelfen. Zum Beispiel können wir einem Teilnehmenden, der sich im Sprechen verfangen hat, anbieten, das Thema außerhalb der Sitzung zu vertiefen, oder wir fragen offensiv, wie die anderen Teilnehmenden zu dem Thema stehen.
In diesem Zusammenhang können sich Moderierende wieder Fragen stellen, die das eigene Engagement kritisch überprüfen: Wann und warum bringe ich mich gerade jetzt ein? Will ich den Teilnehmenden etwas erklären? Will ich ein Schweigen überbrücken? Geht es mir darum, mich selbst zu entlasten? Spreche ich aus eigener Erfahrung oder generalisiere ich ein Wissen, dass ich über die Zeit erworben oder mir angelesen habe? Will ich gerade die Kommunikation oder Interaktion der Teilnehmenden untereinander regulieren? Muss ich das tun, oder schaffen sie das nicht auch selbstständig? Habe ich hier genug Zutrauen, oder lasse ich mich von eigenen Ängsten leiten?

Um den Austausch zu moderieren, eignen sich vor allem nonverbale Techniken und Humor. Ein Zuneigen, ein Vorbeugen, ein An- oder Wegschauen kann häufig genügen, um für ausgeglichene Redebeiträge zu sorgen. Ein Anlächeln oder eine aufmunternde, vielleicht auch lustige Ansprache kann Eis brechen. Die Teilnehmenden gehen auf solche Signale meist gut ein und sind außerdem solidarisch untereinander. Die Gemeinschaft in der Gruppe stellt sich ohnehin eher durch nonverbale Anteile der Kommunikation her; ein aktives Ansprechen seitens des moderierenden Teams ist hier weniger entscheidend. Die Moderation dieses körperlich verfassten Austausches setzt dabei beim moderierenden Team ausreichend Achtsamkeit auf nonverbale Aspekte der Kommunikation voraus.

Wir empfehlen außerdem, prozessorientiert vorzugehen. Anstatt bestimmte Ergebnisse der Gruppenarbeit aktiv erwirken zu wollen, sollten die Mitglieder des moderierenden Teams eher eine »floatende« Haltung einnehmen: das heißt, in weniger zielgerichteter Weise in den Erfahrungsaustausch eintauchen und mitschwimmen. Sie sollten darauf vertrauen, dass der Gruppenprozess selbst schon zu Veränderungen bei allen Beteiligten führt, und sich von diesem Prozess leiten lassen. Es geht also nicht darum, ein Programm oder bestimmte Ziele abzuarbeiten, sondern den Austausch untereinander zuzulassen, nicht zu behindern oder zuweilen auch auszuhalten.

Dies ist nur möglich, wenn die Moderierenden ihren therapeutischen Ehrgeiz reflektieren. Allzu viel zu wollen, zu stark zu forcieren oder zu intervenieren, ist meistens nicht produktiv. Hingegen lohnt es sich, vorurteilsfrei vorzugehen und bereit zu sein, sich von der Gruppe führen zu lassen. Veränderungen bei den Teilnehmenden lassen sich nicht planen, allenfalls lassen sich günstige Bedingungen dafür schaffen. Dazu gehört sicher auch die Aufgabe des moderierenden Teams, den roten Faden der Sitzung zu halten. Durch die Prozessorientierung kann sich der thematische Fokus eines Austausches leicht verlieren. Ohne hier zu viel Druck auszuüben, sollten die Moderierenden dann freundlich an das gewählte Sitzungsthema erinnern und nachfragen oder vielleicht auch erörtern, inwiefern das Gesagte mit diesem oder jenem Thema zusammenhängt.

Hilfreich kann in diesem Zusammenhang auch die sogenannte Metakommunikation zwischen den Mitgliedern des moderierenden Teams sein. Diese Technik, die ebenfalls aus dem Offenen Dialog stammt, ermöglicht es ihnen, sich während einer laufenden Sitzung untereinander abzustimmen. So können sie sich beispielsweise laut gegenseitig fragen, ob »wir alle« noch beim Thema sind oder ob es hilfreicher wäre, einem anderen Thema nachzugehen. Diese offene Ansprache untereinander sollte ganz natürlich erfolgen und kann beliebig viel eingesetzt werden, um die Inhalte oder die Gruppendynamik zu steuern. Sie erlaubt es, fast jedes aufeinander bezogenes Handeln offen und transparent anzusprechen, damit dies nicht, wie sonst so oft üblich, erst nach der Sitzung hinter »geschlossenen Türen« erfolgt. Außerdem führt der eher hypothetische oder fragende Ton dieser Formulierungen dazu, dass die Teilnehmenden auf diese Äußerungen entweder eingehen oder sie, bei Nichtzutreffen, einfach ignorieren können.

Schließlich ist es auch wichtig, dass verschiedene Perspektiven in der Gruppe geäußert werden können, um die Teilnehmenden so in den Austausch zu bringen. Wenn diese das Gefühl bekommen, nichts Falsches sagen zu können, dass ihre Äußerungen im Kontext *ihres* Lebens und *ihrer* Gefühle immer eine Berechtigung haben oder Sinn ergeben, werden sie auch in den offenen Austausch untereinander treten. Sowohl der inneren als auch der äußeren Vielstimmigkeit ist dabei genug Raum zu geben. Es geht also nicht nur um die unterschiedlichen Ansichten einer einzelnen Person, die sich nicht selten auch widersprechen, sondern auch um die unterschiedlichen Ansichten zweier oder mehrerer Personen. Uneinigkeit ist ausdrücklich begrüßenswert und erwünscht; wichtig ist es, konstruktiv und offen damit umzugehen.

→ Die Teilnehmenden regulieren den Austausch meistens sehr gut selbstständig, ohne dass die Moderierenden hier aktiv eingreifen müssen.
Die Moderierenden überlegen sich genau, zu welchem Zweck sie welche Inhalte beitragen (oder nicht).
Der Fokus auf nonverbale Kommunikation und eine Prozess- statt Zielorientierung sind entscheidend, um einen offenen Austausch zu ermöglichen.
Das moderierende Team sollte sich verantwortlich für den »roten Faden« der Sitzungen zeigen und kann mithilfe von Metakommunikation die Sitzungsabläufe und -inhalte steuern. ←

Hoffnung in sich tragen

Die Recoverybewegung hat auch deshalb so viel Anklang gefunden, weil sie sich gegen die demoralisierende Hoffnungslosigkeit vieler professionell Tätiger zur Wehr gesetzt und gezeigt hat, dass ein sinnerfülltes Leben und/oder Heilung trotz schwerer und langwieriger Beeinträchtigungen möglich ist. Entsprechend ist es für ein recoveryorientiertes Gruppenformat von zentraler Bedeutung, dass die Moderierenden Hoffnung verkörpern. Wir nutzen hier das Wort »verkörpern«, weil oberflächliche, nicht wirklich gefühlte Formen von Hoffnung oder Optimismus nicht ausreichen. Die Teilnehmenden spüren, ob es sich bei der Hoffnung des moderierenden Teams um eine wirklich gemeinte, verinnerlichte Haltung handelt. Wir behaupten, dass »wirkliche« Hoffnung ansteckend ist: Eine Gruppe kann sich durch Hoffnung tragen lassen, sie kann enorme Veränderungen bewirken.

Wichtig für Hoffnung ist erneut Reflexivität: Woher ziehen wir als Moderierende unsere Hoffnung in unserem eigenen Leben? Wie bewahren wir sie auch in schwierigen Situationen und Zeiten? Welche Personen, Gedanken und Gefühle haben uns in diesen Zeiten Hoffnung vermittelt? Welche Formen der strukturellen Hoffnungslosigkeit gibt es im psychiatrischen Versorgungssystem? Wie sind wir diesen Formen im Verlauf unseres beruflichen Alltags schon »aufgesessen«, welche dieser Annahmen und Stereotype haben wir uns selbst zu eigen gemacht?

Grundlegend ist außerdem der Gedanke, dass Prognosen im Einzelfall wenig Aussagekraft besitzen. Wir wissen nicht, ob die Teilnehmenden, die vor uns sitzen, morgen, in einem halben Jahr oder in fünf Jahren wieder zu sich oder zu einem besseren Leben finden. Wir wissen nur, dass das grundsätzlich der Fall sein kann.

Es gibt also keine (sachlichen) Gründe dafür, die Hoffnung zu verlieren. Mehr noch, Menschen haben sicher ein Recht auf Aufklärung, sie haben aber auch ein Recht auf Hoffnung (Deegan 2013). Zurückhaltend mit Prognosen umzugehen ist also wichtig. Der Glaube an Recovery, an die Genesung, an die Möglichkeit einer Heilung oder einer deutlichen Besserung des Befindens der Teilnehmenden ist entscheidend, um ihre Recoveryprozesse weiter zu befördern (Amering, Schmolke 2012). Wir sollten die Teilnehmenden deshalb in allen Sitzungen darin unterstützen. Dazu gehören Gelassenheit – »man weiß nie« – und die feste Überzeugung, dass jede Person theoretisch gesunden kann. Wichtig sind auch der Glaube an die Möglichkeit eines sinnerfüllten Lebens für jeden jederzeit und die Gewissheit, dass jede Teilnehmerin und jeder Teilnehmer ihren oder seinen Weg irgendwann finden wird.

Im Prinzip sollte das moderierende Team immer ein bisschen positiver als die Wirklichkeit sein, eben offen für Möglichkeiten. Dies braucht Geduld und die Würdigung kleiner Schritte. Außerdem sollte vermittelt werden, dass (erneute) Krisen für den Lebensweg der Teilnehmenden keine Katastrophen wären. Sicher können sie Leid verursachen, prinzipiell aber nicht einen Recoveryprozess aufhalten. Das moderierende Team sollte dabei jedoch keine falschen Hoffnungen machen. Das Leiden der Teilnehmenden ist ernst zu nehmen, falsche Versprechungen sollten nicht erfolgen. Stattdessen ist es wichtig, Hoffnung und Verharmlosung, (stellvertretenden) Optimismus und (gemeinsames) Aushalten im Gleichgewicht zu halten.

Die moderierende Person mit expliziter Erfahrungsexpertise nimmt in diesem Zusammenhang eine besondere Rolle ein; ist sie es doch, die es in ihrem Recoveryprozess schon weit gebracht hat. Sie verkörpert Hoffnung und ist der lebende Beweis dafür, dass Recovery möglich ist (Walker, Bryant 2013). Dies haben unsere Teilnehmenden ausnahmslos bestätigt. Moderierende mit expliziter Erfahrungsexpertise sind ein wesentlicher Anreiz im Vorfeld der Gruppe. Die Teilnehmenden melden sich nicht selten auch deshalb an, weil sie erleben wollen, wie eine Person trotz, während oder wegen (schwerer) Krisen als Teil eines therapeutischen Teams wirken kann.

→ Die Moderierenden sollten fest an die prinzipielle Genesungsfähigkeit eines jeden Menschen glauben.
Sie sollten sich bewusst machen, wie sie in ihrem eigenen Leben mit dem Thema Hoffnung umgehen und wie mit Hoffnung innerhalb des Versorgungssystems umgegangen wird.
Angesichts des unsicheren psychiatrischen Wissens und der ganz individuellen Krankheitsverläufe ist ein vorsichtiger Umgang mit Prognosen wichtig.
Die Moderierenden sollten immer etwas positiver als die Wirklichkeit sein, gelassen bleiben und kleine Schritte würdigen, ohne dabei falsche Versprechungen zu machen.
Moderierende mit Erfahrungsexpertise sind gelebte Hoffnung, sie verkörpern einen Genesungsprozess und sind darum besonders wichtig. ←

Herausfordernde Situationen

Die Gruppendurchläufe haben uns großen Spaß gemacht – wir sind meistens mit Schwung und Enthusiasmus in die Gruppen gegangen. Es kann also sein, dass nachfolgend die Probleme und Herausforderungen der Gruppenarbeit unvollständig sind. Auch während der Evaluation (siehe Seite 87) ist im Verhältnis wenig Kritik geäußert worden. Das kann ebenfalls ein Artefakt sein, weil die befragten Teilnehmenden wussten, dass wir als moderierendes Team später die Ergebnisse der Befragung präsentiert bekommen, um damit weiterzuarbeiten.
Wir würden uns daher über Rückmeldungen freuen, wenn Sie bei der Gruppendurchführung auf andere oder zusätzliche Schwierigkeiten stoßen, auch um unser Konzept weiter anpassen und entwickeln zu können.

Herausforderungen seitens der Teilnehmenden

Viele der Gruppendurchläufe verliefen aus unserer Sicht ziemlich »störungsfrei«. Wir setzen den Begriff Störung in Anführungsstriche, weil es ja immer im Auge der Betrachter liegt, ob ein bestimmtes Verhalten stört oder nicht. Die Teilnehmenden untereinander sind in diesem Zusammenhang meistens ziemlich entspannt und sehen sich gegenseitig viel nach; diese Haltung sollte auch das moderierende Team einnehmen. In jedem Fall sollte von jeglicher Form der pädagogisierenden Ermahnung abgesehen werden. Die Gruppenregeln – insbesondere die Gewaltfreiheit – sind bei uns gesetzt und nur bedingt diskutierbar. Jenseits dessen gibt es viele Spielräume.
Eine der Gruppenregeln besagt, dass niemand sich aktiv einbringen muss. Die Teilnehmenden sollten sich nur dann äußern, wenn sie das wirklich wollen. Es gab einzelne Teilnehmende, die während der Sitzungen tatsächlich wenig oder gar nicht gesprochen haben. Trotz dieser Gruppenregel hat sich in solchen Fällen vor allem Sebastian

herausgenommen, diese Teilnehmenden zumindest einmal pro Sitzung anzusprechen oder ihnen eine Frage zu stellen, obwohl damit die Gruppenregel verletzt wurde. Wir haben die Teilnehmenden im Anschluss an die Sitzung gefragt, ob diese Ansprache in Ordnung gewesen sei. Sebastian wollte den Teilnehmenden durch die Ansprache ein besseres Gefühl geben: »Ich habe auch etwas gesagt.« So wollte er ihnen den Weg in den Austausch bahnen. Jedoch sind wir uns unsicher, ob es zu diesen Effekten kam.

Störendes Verhalten gab es während unserer Durchläufe nur selten. Ab und an kam es dazu, dass einzelne Teilnehmende viel gesprochen haben, weil sie zum Beispiel psychotisch waren oder sie ein Thema besonders aufgewühlt hat. Meistens reguliert sich eine verstärkter Sprachfluss von allein, wenn das moderierende Team die Ruhe bewahrt. Manchmal hilft auch ein freundliches Eingreifen, mit dem Hinweis, dass auch andere Teilnehmende beitragen wollen. Einmal haben wir ein stark entwertendes Verhalten eines Teilnehmenden in der Gruppe nur schlecht auffangen können. Eine deutlichere Grenzsetzung mit Verweis auf die Gruppenregeln hätte sicherlich geholfen.

Wenn Teilnehmende zu stark in ihrem psychotischen Erleben gefangen sind, können sie manchmal die Gruppenarbeit nicht gut verfolgen, entweder weil die Konzentration fehlt oder sie schlichtweg abgelenkt sind. Dies kann zu einer Ausschlusserfahrung führen. Oft ist es so, dass es diesen Teilnehmenden in der kommenden Sitzung, die ja meistens erst nach zwei Wochen wieder stattfindet, wieder besser geht; so sollte man hier einen etwas längeren Atem haben.

Herausfordernd kann es für die Teilnehmenden sein, wenn Menschen mit unterschiedlich langen oder häufigen Krisenerfahrungen in der Gruppe aufeinandertreffen. Insbesondere jüngere Personen, die sich noch nicht so häufig in der Krise befanden, haben das teilweise als aufrüttelnd oder auch ängstigend erlebt.

→ **Es kann schwerfallen, die Teilnehmenden, die wenig oder gar nicht sprechen, nicht dazu aufzufordern.**
»Störendes Verhalten« kommt selten vor und wird oft durch die Gruppe selbst gut reguliert; Verletzungen der Gruppenregeln sollte das moderierende Team von sich aus bestimmt ansprechen.
Ein starkes Verhaftetsein in psychotischem Erleben geht oft im Verlauf der zwei Wochen bis zur nächsten Sitzung vorüber und wird von der Gruppe meist gut gehandhabt. ←

Herausforderungen während der Moderation

Wie mehrfach erwähnt, ist es eine Herausforderung, sich als moderierendes Team zurückzuhalten. Die Diskussionen sind meistens spannend, oft hätte man nach jedem Satz etwas zu kommentieren oder hinzuzufügen. Außerdem sind es häufig die Moderierenden ohne explizite Erfahrungsexpertise aus der alltäglichen Arbeit allzu sehr gewöhnt, Verantwortung für ihr Gegenüber zu übernehmen. Demgegenüber ist es in unserem Gruppenformat wichtig, Ratschläge nur als Hypothesen anzubieten oder nur auf Nachfrage den Teilnehmenden »auf die Sprünge« zu helfen. Eine Zurückhaltung in diesen Belangen fordert den Moderierenden viel Disziplin ab, kann sich aber für die Teilnehmenden enorm lohnen.

Sich auf eine wirkliche Offenheit für alle Perspektiven einzulassen, ist ebenfalls herausfordernd. Zum Beispiel ist es uns selbst nur bedingt gelungen, für stark biologische Erklärungsmodelle offen zu bleiben, insbesondere, wenn die Teilnehmenden im Verlauf der Sitzungen in dieser, aus unserer Sicht eingeengten Sicht auf die Dinge verhaftet blieben. Meistens hat man als Moderierender seine »heimliche Favoriten« an Erklärungsmodellen oder Vorstellungen. Sich fortwährend bewusst zu machen, ob die eigene Haltung und der Gruppenraum offen genug sind, dass sich alle Teilnehmenden äußern können, ist darum enorm wichtig. Habe ich ein offenes Interesse? Bin ich neugierig genug auch auf andere Perspektiven? Anderenfalls besteht die Gefahr, bestimmte Teilnehmende abzuhängen oder systematisch auszuschließen.

Außerdem ist es nicht immer einfach, während der Sitzungen den roten Faden zu halten. Vor allem, wenn die Auseinandersetzung gut läuft, gerät die Diskussion nicht selten vom »Hölzchen aufs Stöckchen«. Viele Themen hängen ja tatsächlich auch zusammen und ein fortschreitender, dichter Austausch ist ja auch erwünscht. Dennoch ist es wichtig, sich als Mitglied des moderierenden Teams zu disziplinieren und immer wieder den Bezug zum Sitzungsthema herzustellen. Das erfordert eine sorgsame Balance zwischen Strukturierung und Offenheit der Sitzungen. Wenn die Sitzungen zu wenig Struktur haben, besteht die Gefahr, dass die Teilnehmenden am Ende das Gefühl kriegen, heute sei »alles und nichts« besprochen worden, und unzufrieden nach Hause gehen.

Eine weitere Herausforderung kann sein, sich in der Moderation nicht zu stark an den Worten der Teilnehmenden, sondern auch an den in der Gruppe zirkulierenden Gefühlen zu orientieren. Wenn dies nicht gelingt, kann der Austausch an Intensität einbüßen. Außerdem entspringt dieses Verhalten oft der Vorsicht des moderierenden Teams, den Teilnehmenden nicht zu viel zuzumuten. Letztlich entspricht diese Vorsicht einer paternalistischen Haltung – und vielleicht auch eigenen Ängsten vor starken Gefühlen: Es liegt nicht an dem moderierenden Team, zu entscheiden, ob bestimmte Gefühle die Teilnehmenden überfordern. Menschen bleiben oder hören (darüber hin-)weg, wenn ihnen ein Thema zu viel ist. Dafür muss nicht das moderierende Team Sorge tragen. In der Selbsthilfe geht es manchmal viel stärker »ans Eingemachte«, ohne dass Personen das Geschehen dort regulieren.
Zudem haben wir einige Zeit gebraucht, um uns innerhalb des moderierenden Teams kennenzulernen und aufeinander verlassen zu können. Das ist nicht selbstverständlich, sondern braucht Zeit und Auseinandersetzungen innerhalb und außerhalb der Gruppenarbeit. Es gibt immer Eigenheiten der anderen Moderierenden, an die man sich gewöhnen muss. Oft hat man während der Moderation der anderen das Gefühl, man könnte es besser. Allzu häufig stellt sich dieses Gefühl als Trugschluss heraus. Das ist ein spannender Prozess, der uns sehr bereichert hat.
Und schließlich ist es manchmal nicht so einfach, mit dem eigenen Berührtwerden umzugehen. Nicht selten kommen im Rahmen des Austausches berührende Erfahrungen und auch belastende Erlebnisse zur Sprache. Viele dieser Ereignisse sind in unserer eigenen Einrichtung passiert, das heißt an dem Arbeitsort, an dem wir uns sonst befinden. Die Unzulänglichkeit des psychiatrischen Versorgungssystems und auch unserer eigenen Institution hat uns oft zu schaffen gemacht; vor allem, weil wir uns auch als ein Teil dieses Systems empfinden und auffassen müssen.

→ Es fällt schwer, sich zurückzuhalten, keine Ratschläge oder Lösungen anzubieten und sich nicht für das Leben der Teilnehmenden verantwortlich zu fühlen.
Eine Offenheit gegenüber allen Perspektiven ist nicht immer leicht, man hat immer seine »heimlichen Favoriten«.
In einem angeregten Austausch fällt es schwer, den »roten Faden« zu halten und eine gute Balance zwischen Offenheit und Struktur zu finden.

Es kann herausfordernd sein, sich innerhalb des Austausches nicht nur am Gesagten, sondern auch an Gefühlen zu orientieren; Mut und Gelassenheit sind hier notwendig.
Die Moderierenden müssen sich im Verlauf der Gruppenarbeit aneinander gewöhnen, was Zeit und Geduld benötigen kann.
Der Austausch in der Gruppe ist oft sehr berührend, zumal er oft auch mit unseren eigenen Positionen innerhalb eines insuffizienten Versorgungssystems zu tun hat. ←

Mögliche Sitzungsthemen

Ein recoveryorientiertes Gruppenformat zeichnet sich insbesondere darin aus, dass die Teilnehmenden selbst die Themen der Sitzungen zusammenstellen. Sie sollten selbst entscheiden, über welche Inhalte sie sich austauschen möchten. Entscheidend ist, dass sie von den Inhalten profitieren und die ausgetauschten Erfahrungen für sich selbst nutzen können. Es geht also nicht darum, was wir als moderierendes Team für wissens- oder vermittelnswert halten. Auch ändern sich die Einstellungen der Moderierenden, wenn sie den Teilnehmenden die Themenauswahl überlassen – ihre rein moderierende (statt bevorzugt wissende) Position wird dadurch gestärkt: Sie schaffen nur den Rahmen, für die Inhalte sorgen die Teilnehmenden selbst.
Unser offenes Vorgehen in der Themenwahl hat erstaunlicherweise dennoch dazu geführt, dass in allen Gruppendurchläufen sehr ähnliche Themen besprochen wurden. So scheint es einen Kanon an weitgehend feststehenden Themen zu geben, die die Teilnehmenden beschäftigen. Die Fragen an sich und ihre Geschichte ähneln sich also häufig. Es gibt wiederkehrende Bedürfnisse an die Gruppe, die sich vielleicht auch durch die Vorerfahrungen der Teilnehmenden mit anderen Gruppenformaten ausformen.
Diese, sich üblicherweise wiederholenden Themen möchten wir im Folgenden kurz anreißen und mit Hinweisen versehen, wie sie sich in den Austausch bringen lassen. Wir nutzen das Wort Hinweise und sprechen in diesem Zusammenhang noch nicht einmal von Empfehlungen, um deutlich zu machen, dass jede Gruppe ihre eigenen Schwerpunkte ausbildet. Das ist für die Förderung und Begünstigung von Recoveryprozessen von zentraler Bedeutung. Die freie Themenwahl und ein von starker Offenheit geprägter Austausch sind unserer Ansicht nach also sehr wichtig.

Was ist Recovery?

Vielen Teilnehmenden ist der Begriff Recovery nicht bekannt. Deshalb entscheiden sich die meisten dafür, in der ersten Sitzung offene

Fragen zum Thema Recovery zu klären. An dieser Stelle profitiert die Gruppe wieder ungemein von einer moderierenden Person mit expliziter Erfahrungsexpertise, die ein lebendes Beispiel eines schon weit gebrachten Recoveryprozesses ist. Wichtig ist in dieser Sitzung, dass das moderierende Team nicht verschiedene Definitionen von Recovery »herunterbetet«, sondern dass die Teilnehmenden im Verlauf der Sitzung zu ihrer eigenen Version finden – oder auch nicht!
Die Auseinandersetzungen mit dem Thema Recovery gehen meistens von den folgenden oder ähnlichen Fragen der Teilnehmenden aus:

- Was ist Recovery? Welche Konzepte kenne ich, welche gibt es?
- Ist Heilung möglich? Werde ich jemals wieder gesund?
- Was kann ich in meinem Leben (noch) verändern? Was muss ich akzeptieren?
- Wünsche ich mir eine Rückkehr zu meinem »alten Leben«, oder sind oder waren meine Krisen auch eine Chance, mich in eine andere Richtung zu entwickeln?

Vorsichtiger Umgang mit Prognosen: Während dieser Sitzung weisen wir regelhaft auf die potenziell zerstörerische Kraft von Prognosen hin. Angesichts der umstrittenen, psychiatrischen Krankheitsentitäten sind treffsichere Prognosen ja nur schwer möglich. Ohnehin ist der Wert einer Einzelfallprognose auf der Basis von Wahrscheinlichkeiten fraglich. Stattdessen beziehen wir uns auf die vielen Recoverygeschichten von ehemals als unheilbar klassifizierten Personen. Dadurch wollen wir Hoffnung vermitteln, dafür, dass Heilung oder eine deutliche Verbesserung des Wohlbefindens zu jedem Zeitpunkt möglich ist. Diese Haltung ist vielleicht ein bisschen positiver als die Wirklichkeit, bleibt aber dadurch offen für eine Vielfalt an Möglichkeiten; wir sprechen den Teilnehmenden nicht ihr Leiden ab oder reden es klein.
Betrauern von Verlusten und Veränderungen: Um Hoffnung entwickeln zu können, ist es wichtig, loslassen zu können und zu akzeptieren, dass bestimmte Aspekte des Selbst oder des eigenen Lebens verloren gegangen sind. Die Frage, wie viel Heilung möglich ist, führt fast automatisch dazu, dass viele der Teilnehmenden nachdenklich oder melancholisch werden und Verluste betrauern. Wir versuchen an dieser Stelle, den Wert dieser Trauer zu verdeutlichen, die Trauer ernst zu nehmen und mitzufühlen. Meistens fühlen sich die Teilnehmenden untereinander verbunden, hören sich gut zu und lassen sich

gegenseitig Raum. Die Akzeptanz dieser Verluste stellt sich sicherlich nicht innerhalb einer einzigen Sitzung her, kann aber als Grundhaltung vermittelt werden.

Die Frage nach dem Sinn von Krisen: Häufig schließen sich in dieser Sitzung auch Fragen nach dem Sinn von Krisen und dem Sinn des Lebens im Allgemeinen an. Die Frage, warum Krisen einen selbst getroffen und auf welchen Weg sie einen gebracht haben, ist sehr relevant. Manchmal ist es den Teilnehmenden möglich, den Krisen auch positive Aspekte abzugewinnen. Wir versuchen, diese Sicht zu unterstützen. Nicht selten wird auch das Leben *vor* den Krisen infrage gestellt – »so konnte es nicht weitergehen!«. Auch diese Auseinandersetzung halten wir für wichtig, weil sie den Teilnehmenden vor Augen führen kann, in den Krisen ein sinnvolles und dadurch bewältigbareres Phänomen zu sehen.

In den Alltag zurückfinden

Viele Teilnehmende nahmen an unserer Gruppe im Anschluss an eine psychotische Phase teil oder wenn diese bereits am Abklingen war. Auch wenn sie noch nicht so weit sind, ist die Rückkehr in den Alltag nach einer Episode mit wichtigen Fragen verbunden, die in fast allen Gruppendurchläufen gestellt werden:

- Wie finde ich mich im Alltag wieder zurecht? Wie kann ich mich vernetzen? Wer oder was hilft mir dann?
- Wie kann ich das Erlebte verarbeiten? Wie gehe ich mit Seiten um, die ich in der Psychose neu entdeckt habe, wie kann ich sie integrieren?
- Was kann ich machen, um mich zu stärken? Was kann ich gegen Beschwerden tun? Wie kann ich früher reagieren, damit die Krise weniger stark wird? Wie kann ich stationäre Behandlungen vermeiden?

Unterstützungs- und Hilfemöglichkeiten: Ein Teil dieser Sitzungen berührt meistens eine pragmatische Ebene, es geht um Fragen, an welchen Stellen die Teilnehmenden Unterstützung für die Rückkehr ins Leben finden. Hier geben wir oft konkrete Hinweise auf Unterstützungsmöglichkeiten. Außerdem bieten wir an dieser Stelle an, die Teilnehmenden auf diesem Weg zu begleiten und Hilfen bereitzustellen.

Verarbeitung psychotischen Erlebens: Andere Punkte betreffen weniger die organisatorische, sondern mehr die emotionale Ebene. Hier kommen Fragen auf, wie sich mit nicht selten auch heftigen bis traumatisierenden psychotischen Erfahrungen umgehen lässt oder wie sich diese in das Selbsterleben integrieren lassen. Wichtig ist uns in diesem Zusammenhang, keine Lösungen dafür anzubieten, sondern gemeinsam festzustellen, dass diese Gefühlsqualitäten wohl in jedem Menschen stecken.

Mit Beschwerden umgehen und Vorsorge treffen: Auch Fragen, wie mit den Beschwerden umgegangen werden kann und welche Möglichkeiten der Vorsorge es gibt, schließen sich in dieser Sitzung häufig an. Nicht selten werden die Teilnehmenden kreativ im Austausch von Bewältigungsstrategien. Wenn dieses Wissen in der Gruppe nicht existiert, stellen wir manchmal die Möglichkeiten von Krisenplänen, Behandlungsvereinbarungen und Patientenverfügungen vor. Außerdem zeigen wir uns kritisch in Bezug auf die Frage einer absoluten Krisen-, Stress- und Risikovermeidung. Wir betonen, dass jeder Mensch auf gewisse Lebensumstände und Situationen mit Stress reagiert. Wichtig sei es darum, herauszufinden, was einen in Stress versetzt, anstatt sich in einem Zustand des Scheintods, einer »vita minima«, zu ergeben.

Persönliche Erklärungsmodelle

Für das Thema Erklärungsmodelle psychotischen Erlebens haben wir immer eine, meistens aber zwei Sitzungen genutzt. Außerdem wurde dieses Thema fast in allen Sitzungen unmittelbar oder über Umwege angesprochen. Die Frage, warum sie psychotisch geworden sind und welche Erklärungen es dafür gibt, ist für die Teilnehmenden sehr wichtig und sollte entsprechend aufgegriffen werden. Sie kann am fruchtbarsten ab der zweiten oder dritten Sitzung bearbeitet werden, also dann, wenn die Teilnehmenden schon etwas Vertrauen zueinander gefasst haben.

Das Thema wird meistens von den folgenden oder ähnlichen Fragen der Teilnehmenden angestoßen:

- Warum bin ich psychotisch geworden? Welche Ursachen haben Psychosen?

- Welche Erklärungen gibt es dafür in der Wissenschaft? Von welchen Modellen habe ich schon gehört, welche fand ich hilfreich, welche nicht?
- Hängt meine Psychose mit meinem Leben zusammen? Warum bin gerade ich erkrankt? Habe ich etwas falsch gemacht?
- Wo gibt es Auswege? Was kann ich tun?

Eigene Erklärungen finden: Wie bereits beschrieben, machen wir während der Auseinandersetzung mit diesen Fragen deutlich, dass die persönlichen Erklärungsmodelle der Teilnehmenden im Vordergrund stehen sollten. Diese Vorgabe benötigt manchmal etwas Nachdruck, weil die Teilnehmenden es gewöhnt sind, Inhalte zu diesen Themen zu bekommen. Auch den Moderierenden fällt es manchmal nicht leicht, sich wirklich auf subjektive Konstruktionen einzulassen und sich mit ihren Wertungen zurückzuhalten. Diese Offenheit ist uns besonders dann schwergefallen, wenn sich jemand einseitig und andauernd auf biologische Erklärungsmodelle bezogen hat. Die Gruppenarbeit lebt ja von einer Suche nach Sinn und Bedeutung, sodass sich diese Personen in der Gruppe nicht selten auch unverstanden oder ausgegrenzt gefühlt haben.

Welche Wissensbestandteile passen zu mir und meinem Leben? Wir versuchen in der Gruppe ein Nebeneinander unterschiedlicher Wirklichkeitskonstruktionen zuzulassen und aktiv zu fördern. Hierzu betonen wir die Unterschiedlichkeit, vielleicht auch Widersprüchlichkeit verschiedener, auch wissenschaftlicher Erklärungsmodelle; nicht, um dadurch die Teilnehmenden zu verwirren, sondern damit diese zu sich und ihrem eigenen Wissensschatz finden und dabei auf ein breites Repertoire an möglichen Modellen zurückgreifen können. Orientierung sollte dabei die Grundfrage bieten, welches Wissen und welches Modell für welche Person zu welchem Zeitpunkt hilfreich gewesen ist.

Alle Erklärungsmodelle sind (nur) Modelle: Dabei vermitteln wir, dass *alle* Erklärungsmodelle *prinzipiell* modellhaften Charakter haben. Kein Modell erfasst die Wirklichkeit selbst, sondern immer nur einen Ausschnitt dieser. Demgegenüber wünschen sich die Teilnehmenden fast immer, dass wir wissenschaftliche Erklärungsmodelle vorstellen; sie erhoffen sich dadurch eine letztgültige Orientierung. Außerdem sind sie solche Vorstellungen gewöhnt, wenn sie beispielsweise schon an Psychoedukationsgruppen teilgenommen haben. Diesem Wunsch kommen wir nach, stellen dabei jedoch immer mehrere Modelle vor, die zu *uns* und unseren Haltungen passen. Wir bieten also mehrere Modelle an, um dadurch auf die Vielfalt hinzuweisen.

Zu einer eigenen Sprache finden: Außerdem versuchen wir, den Teilnehmenden zu ihrem *eigenen* Erklärungsmodell und zu ihrer eigenen Sprache zu verhelfen, indem wir ihre Begriffe und Terminologie nutzen. Dadurch sollen die Teilnehmenden die Möglichkeit erhalten, an ihre eigenen Erfahrungen anzuschließen. Dies stärkt den Bezug zu sich selbst und zum eigenen Leben. Persönliche Erklärungsmodelle haben eine selbst- und welterklärende, stabilisierende und handlungsleitende Bedeutung. Sie beeinflussen nicht nur, wie sich Teilnehmende selbst wahrnehmen, sondern auch welche Bewältigungsstile und Problemlösungsstrategien sie anwenden. So ist es uns wichtig, dass sich die Teilnehmenden in ihren eigenen Erklärungsmodellen wiederfinden können. Sie sollten die eigene Deutungshoheit (zurück-)gewinnen und in ihrem Bemühen, sich selbst zu verstehen und dies in Worte zu fassen, unterstützt werden.

Verwendung des Krisenbegriffs: Wir als Moderierende nutzen häufig den Begriff der seelischen oder psychischen Krise. Denn aus unserer Sicht fördert der Krisenbegriff eine episodische Sicht und rahmt eine psychotische Erfahrung als ein normales menschliches Phänomen, als *eine* Möglichkeit des Menschseins. Er macht krankheitsunabhängige Identitätsanteile grundsätzlich möglich und lenkt den Blick auf den Kontext der Beschwerden, auf die psychosoziale Situation.

Umgang mit Medikamenten

Auch das Thema Medikamente wurde in jedem Gruppendurchlauf relevant. Nicht selten schließt es sich an die Auseinandersetzung mit den Erklärungsmodellen an. Medikamente können dazu beitragen, ob sich ein Mensch krank oder gesund fühlt. Dieses Thema vereint also viele Fragen, die sich mit biologischen Erklärungsmodellen psychotischer Erfahrungen beschäftigen:

- Welches Medikament ist das Beste? Welche Medikamentengruppen gibt es? Welche Dosis ist die Richtige?
- Welche Erfahrungen habe ich mit Medikamenten gesammelt? Welche Wirkungen, Nebenwirkungen habe ich erlebt?

- Muss ich nun mein Leben lang Medikamente einnehmen? Schützen Medikamente vor erneuten Krisen? Welche Alternativen gibt es für diesen Schutz?
- Sind Drogen hilfreich oder schädlich?

Medikamente als Chancen und Hindernis: Die Erfahrungen, die die Teilnehmenden mit Psychopharmaka und im Speziellen mit Neuroleptika gemacht haben, unterscheiden sich üblicherweise ganz erheblich voneinander. Auch ihre Einstellungen und Meinungen zu Medikamenten weichen stark voneinander ab. Wir ermutigen die Teilnehmenden, ihre unterschiedlichen Sichtweisen in den Austausch zu bringen. Den Austausch anzuregen ist uns vor allem deshalb wichtig, weil wir den Teilnehmenden die diversen Erfahrungen zugänglich machen möchten. Wir wollen sie dadurch ermutigen, einen *eigenen* Weg zu finden, der zu ihnen und ihrer Situation passt. Das formulieren wir im Allgemeinen auch so.

Neuere Erkenntnisse zu Psychopharmaka: Diese Sitzung fordert dem moderierenden Team am meisten psychoedukative Inputs ab. Zum einen handelt es sich tatsächlich um ein sehr medizinnahes Thema, zum anderen stellen die Teilnehmenden viele Sachfragen, vor allem an den anwesenden Arzt. Um eine Wissensvermittlung kommt man in dieser Sitzung in den meisten Fällen also nicht herum. Wir betonen häufig, dass ein alleiniger Verlass auf Psychopharmaka unserer Ansicht nach nicht ausreicht, um zu gesunden. Außerdem stellen wir neuere und kritische Wissensbestände zur Verfügung, zum Beispiel zur Niedrigdosierung, zum Absetzen und zur Reduktion von Neuroleptika. Diese Wissensbestände entsprechen unserer Haltung zu diesem Thema, sie scheinen uns unabdingbar, um die Teilnehmenden zeitgemäß zu informieren.

Alternativen zu Psychopharmaka: Meistens kommt in dieser Sitzung auch zur Sprache, welche Alternativen es zu Psychopharmaka gibt. Auch hier ist ein reger Erfahrungsaustausch üblich. Fast jeder Teilnehmende hat entweder selbst schon etwas anderes versucht oder kennt Personen, die alternative Strategien ausprobiert haben – mit Erfolgen oder auch Misserfolgen. Sich offen darüber auszutauschen ist wichtig, zum einen, damit sich die Teilnehmenden untereinander informieren, zum anderen aber auch, damit sie merken, dass es nicht den *einen* Recoveryweg gibt, sondern eine Vielzahl unterschiedlicher Strategien zum

Erfolg führen kann. Wesentlich ist es, auf der Suche zu sein und sich auszuprobieren. Als Moderierende unterstützen wir diese Haltung und enthalten uns jeglicher Bewertungen der einzelnen Unterstützungsmöglichkeiten.

Umgang mit Drogen: Das Thema Drogen und psychotisches Erleben wird fast immer in dieser Sitzung aufgegriffen. In Bezug auf dieses Thema sind wir selbst ziemlich eindeutig: Wir weisen auf den deutlichen Zusammenhang zwischen Psychoseerfahrungen und Cannabis hin und machen deutlich, dass wir Genesungsgeschichten unter dem regelmäßigen Einfluss von Drogen nicht kennen, sondern dass Abhängigkeiten unserer Meinung den Zugang zu sich selbst und den eigenen Weg behindern. In dieser Hinsicht sind wir eher strikt, weil dies unsere Erfahrungen sind. Es gibt sicherlich auch andere Zugänge zu dem Thema. Auch viele der Teilnehmenden äußern sich hier anders, wir lassen diese Meinungen nebeneinander stehen.

Psychose und Biografie

Die Frage, was die Psychoseerfahrungen mit dem eigenen Leben zu tun haben, ist eigentlich eine Unterfrage zum Thema Erklärungsmodelle. Sie stellt sich trotzdem nicht selten noch einmal extra und ist dann auch in einer gesonderten Sitzung behandelt worden. Wir finden diese Frage wichtig, weil sie auf den Zusammenhang des eigenen Lebens und der Krise hinweist und dadurch den Teilnehmenden Handlungsmacht verleiht: Wenn die Psychose mit mir und meinem Leben zu tun hat, kann ich auch etwas daran verändern.

Die Teilnehmenden stellen in diesem Zusammenhang vor allem folgende Fragen:

- Was hat die Psychose mit mir und meinem Leben zu tun? Tragen meine Lebensumstände dazu bei, dass ich psychotisch werde?
- Hätte ich in meinem Leben etwas anders machen können? Was kann ich in meinem Leben verändern?
- Welche Rolle hat meine Familie, haben meine Beziehungen dabei?

Psychosen fallen nicht vom Himmel: Die Einsicht, dass Psychosen nicht vom Himmel fallen, ist für viele Teilnehmende nicht neu. Trotzdem gibt es in dieser Sitzung immer wieder einige Aha-Erlebnisse für einzelne Beteiligte. Der Austausch wird häufig kontrovers und emotional intensiv, die Kontraste in den Aussagen werden stärker, teilweise der Tonfall etwas angespannter und schärfer. All das bedeutet, dass es in dieser Sitzung um etwas geht. Umso vorsichtiger gehen wir vor und versuchen, deutlich zu machen, dass jede Person ihre Welt anders, nämlich auf ihre eigene Weise wahrnimmt und interpretiert und ein vorschnelles oder auch vereinnahmendes Vergleichen an dieser Stelle nicht hilfreich ist.

Die Erlebnisse in Bezug zum eigenen Leben setzen: Gleichzeitig machen wir deutlich, dass es aus unserer Sicht wichtig ist, die Psychoseerfahrungen im Hinblick auf das eigene Leben zu verstehen. Welche Zusammenhänge dabei geknüpft werden, ist jeder Person selbst überlassen, aber diesen Versuch überhaupt zu unternehmen, raten wir ausdrücklich an. Wir begründen dies damit, dass die Einordnung psychotischer Erfahrungen in die eigene Lebensgeschichte unserer Erfahrung nach wichtig für Genesungsprozesse ist. Gleichzeitig versuchen wir, das Bedürfnis nach Schutz einzelner Teilnehmenden vor bestimmten Themen im Blick zu halten und ihre Auseinandersetzung mit der eigenen Geschichte nicht zu forcieren. Das kann manchmal ein nicht so leichter Balanceakt sein.

Mit Stigma und anderen Personen umgehen

Der Umgang mit Stigma ist häufig an das Thema gekoppelt, wie mit anderen Personen im beruflichen oder privaten sozialen Umfeld umgegangen werden kann. Manchmal leitet sich das Thema auch eher »über Bande« ein, zum Beispiel über Themen wie »Psychose und Beruf« oder »Psychose und Öffentlichkeit«. Meistens geht es in diesen Fällen am Ende immer um dieselben Fragen, nämlich um Aspekte der Selbst- oder Fremdstigmatisierung, die nicht vorweggenommen werden sollten:

- Wie gehe ich mit anderen Personen nach einer Krise um? Wovon erzähle ich, wovon lieber nicht?
- Sollte ich über meine Krisen sprechen? Wie bezeichne ich meine Krisen?
- Wie kehre ich ins Berufsleben nach einer erfolgten Krise zurück? Wie gestalte ich meinen Lebenslauf, wie gehe ich hier mit krankheitsbedingten »Lücken« um?

Mit Stigma umgehen: Wie sehr Teilnehmende unter der diffamierenden Zuschreibung von negativen Eigenschaften leiden oder solche Vorurteile verinnerlichen, sollte nicht unterschätzt werden. Es hat eine Weile gedauert, bis wir wirklich verstanden haben, wie umfassend Stigma das Leben der Teilnehmenden beeinträchtigt. Wir versuchen, diese ungeheure Macht während aller Sitzungen im Blick zu halten und sie, wenn immer sichtbar, aktiv aufzugreifen. Es bringt unserer Meinung nichts, Fremd- und Selbststigma kleinzureden. Stattdessen versuchen wir, bei den Teilnehmenden den Blick für die ungeheuren Effekte von Stigma zu öffnen, sodass ihnen ein bewusster Umgang vielleicht leichter möglich wird. Nicht selten wird dieses Vorgehen durch einen oft anrührenden Erfahrungsaustausch der Teilnehmenden untereinander unterstützt.

Erklärungsmodelle und Stigma: Auch in dieser Sitzung erfolgt häufig ein starker Rückbezug auf das Thema Erklärungsmodelle. Die Teilnehmenden fragen sich, welches Erklärungsmodell wohl am günstigsten im Hinblick auf Stigmatisierung ist. Wie kann ich mich vermitteln, im beruflichen oder sozialen Umfeld, damit andere mich verstehen und noch akzeptieren? Wir weisen in diesem Zusammenhang häufig auf die nachgewiesenen positiven Effekte sozialer Erklärungsmodelle hin, weil sich Stigma verringert, wenn andere Menschen glauben, dass Psychoseerfahrungen nichts anderes als ihre eigenen Krisen sind. Manche Teilnehmenden bleiben hier skeptisch, diese Skepsis sollte ihnen gelassen werden.

Menschenrechte und Psychose

Dieses Thema liegt uns selbst am Herzen. Wir sind uns unsicher, wie stark wir es selbst in die Themensammlungen der einzelnen Gruppendurchläufe eingebracht haben oder ob es in allen Fällen wirklich von den Teilnehmenden kam. Wir führen das Thema dennoch hier auf, weil wir glauben, dass es zentral ist, um Recoveryprozesse zu fördern und zu begünstigen. Wir raten an, dieses Thema nicht zu spät im Gruppendurchlauf aufzugreifen, da es oft nachwirkt und entsprechend Zeit für die Nachbearbeitung eingeplant werden sollte.

Sich mit dem Thema Menschenrechte auseinanderzusetzen, geht meistens auf folgende oder ähnliche Fragen der Teilnehmenden zurück:

- Wie gehe ich mit erlebtem Zwang und Gewalt um? Was kann ich hier vorbeugend tun? Wo kann ich dafür Unterstützung und (Rechts-) Beratung finden?
- Was sind meine Rechte? Wie kann ich mich gegen Betreuung, Unterbringung, Fixierung und Zwangsmedikation wehren?
- Welche Hilfen und Unterstützungsmaßnahmen stehen mir zu? Wie kann ich sie einfordern oder einklagen?

Erleben von Zwang und Gewalt: Auch hier entsteht meist ein sehr berührender Austausch unter den Teilnehmenden. Es gibt immer wieder Teilnehmende, die während ihrer Behandlungen keinen Zwang und keine Gewalt erlebt haben. Das wird dann meistens relativ frühzeitig angeführt, führt aber nicht dazu, dass sich diese Teilnehmenden nicht emphatisch und aufmerksam auf die Diskussion einlassen. Oft geht es in dieser Sitzung darum, psychiatrische Aufenthalte zu verarbeiten, die nicht gut verlaufen sind. Meistens haben die Teilnehmenden vor der Gruppe mit niemandem sonst über ihre belastenden Erlebnisse gesprochen, auch wenn ihre Aufenthalte teilweise Jahre zurückliegen. Das erstaunt uns. Für uns selbst sind die Erfahrungen oft bestürzend. Diese Bestürzung sprechen wir offen an und auch, wenn wir ein bestimmtes Vorgehen als ungerecht erleben. Wir bieten an, Nachbesprechungen von Zwangs- und Gewalterfahrungen zu organisieren und zu begleiten. Dies wurde einmal in Anspruch genommen und war sehr hilfreich für alle Beteiligten.

Über Rechte aufklären: In dieser Sitzung klären wir häufig auch über die Rechte der Teilnehmenden in Betreuungs- und Unterbringungsverfahren sowie im Fall einer Fixierung und Zwangsmedikation auf. Die Teilnehmenden wissen meist erstaunlich wenig darüber. Ein umfangreicheres Wissen ist uns wichtig, um den Teilnehmenden eine größere Handlungssicherheit zu ermöglichen. Fragen, wie erneuten Zwangsmaßnahmen vorgebeugt werden kann, kommen häufig vor. Sie beantworten sich am besten, wenn die Teilnehmenden ihre Erfahrungen untereinander austauschen. Fragen zum Thema Recht auf Unterstützung und Behandlung sind ebenfalls nicht selten.

Behandlungsoptionen (auch außerhalb der Psychiatrie)

Wie bereits beschrieben, bieten wir den Teilnehmenden häufig an, über Behandlungsoptionen zu informieren. Sie selbst wünschen sich außerdem oft, sich über Alternativen zur psychiatrischen Versorgung auszutauschen. Beide Themenblöcke kombinieren wir vielfach in der letzten Sitzung, um damit zu verdeutlichen, dass es auch nach der Gruppe weitergeht, dass es viele Optionen gibt, sich auf den Weg zu machen und sich dabei unterstützen zu lassen. Wir händigen den Teilnehmenden eine Adresssammlung von lokalen Selbsthilfeangeboten, Beschwerdestellen, Trialogen, psychotherapeutischen Angeboten und Beratungsstellen aus, auf die sie auch nach Abschluss der Gruppe zurückgreifen können.

Evaluation

Von Julian Schwarz und Sebastian von Peter

Die vorliegende Begleitforschung untersucht das recoveryorientierte Gruppenformat aus Sicht der Teilnehmenden. Es ging uns um die Frage, *ob* und, wenn ja, *wie* sich die im Gruppenformat enthaltenen Haltungs-, Handlungs- und Kommunikationsempfehlungen auf die einzelnen Teilnehmenden und die Gruppe auswirken und wie sie ihre Wirkung entfalten. Im Einzelnen beschäftigten uns folgende Forschungsfragen:

- Wie wird das Gruppenformat von den Teilnehmenden erlebt?
- Was wird als hilfreich empfunden, was nicht? (= Wirkfaktoren)
- Welche kurz- und langfristigen Effekte hat das Gruppenformat? (= Nutzen und Outcomes)
- Verändern sich der Grad an Selbststigmatisierung und Recoveryorientierung durch die Gruppenteilnahme?

Ein zweites Ziel dieser Evaluation war es, umfassender zu verstehen, *welche* Aspekte des Gruppenformats *auf welche Weise* zum Genesungsprozess der Teilnehmenden beitragen. Zu diesem Zweck wurden die Wechselbeziehungen der anhand der Forschungsfragen ermittelten Wirkfaktoren, Effekte und Outcomes untersucht. Aus diesen Wechselbeziehungen konnte ein Wirkmodell entwickelt werden, das bestimmte Wirkprinzipien eines recoveryorientierten Gruppenformats sichtbar machen soll.

Methoden

Um die Ziele der Evaluation zu erfüllen, nutzten wir einen Mixed-Methods-Ansatz. Der zweite Gruppendurchlauf der Lebenswege-Gruppe wurde dazu im Vergleich zu einem anderen, recoveryorientierten, eher psychoedukativen Gruppenformat durch zwei Studentinnen des Instituts für Europäische Ethnologie an der Humboldt-Universität Berlin teilnehmend beobachtet. Die Ergebnisse dieser Beobachtung sind bereits veröffentlicht (IKEHATA u.a. 2015) und werden nachfolgend nicht berücksichtigt. In mehreren Psychologie-Masterarbeiten aus den Jahren 2015 bis 2017 wurden zudem halbstrukturierte Interviews und Fokusgruppen (moderierte Gruppendiskussionen) umgesetzt, um die Erfahrungen der Teilnehmenden mit der Lebenswege-Gruppe abzubilden. Außerdem wurde von 2012 bis 2017 eine standardisierte Pilotbefragung durchgeführt, um die qualitativen Ergebnisse zu untermauern und weitere Outcomes sichtbar zu machen.

Eingesetzte Instrumente

Die Leitfäden für die qualitative Erhebung wurden durch die drei Mitglieder des moderierenden Teams, Antje, Andreas und Sebastian, in Anlehnung an die oben genannten Forschungsfragen und an andere recoveryorientierte oder peergeleitete Gruppenformate (IMR, WRAP) entwickelt. Sie enthielten Fragen, die herausfinden sollten, wie die Teilnehmenden die Gruppe erlebt haben, um auf die Effekte des Formats und die Wirkfaktoren schließen zu können. Es kamen halbstrukturierte Leitfadenformate zum Einsatz, die an das jeweilige Erhebungsformat (Fokusgruppe, Einzelinterview) angepasst wurden.
Während der standardisierten Befragung griffen wir auf zwei Instrumente zurück: zum einen auf die deutsche Version der Internalized Stigma of Mental Illness Scale (=ISMI) und die ebenfalls für den deutschen Sprachraum adaptierte Recovery Assessment Scale (=RAS).
Die ISMI-Skala wurde von Jennifer Boyd RITSHER und Kollegen (2003) zur Messung des internalisierten Stigmas entwickelt und von Ingrid SIBITZ und Kollegen (2013) ins Deutsche übersetzt und validiert. Sie umfasst 29 Items. Jede Aussage wird anhand einer vierstufigen Likert-Skala bewertet: 1 = lehne voll ab, 2 = lehne eher ab, 3 = stimme eher zu, 4 = stimme voll zu. Die Skala hat fünf Subskalen, die die Teilbereiche »Entfremdung«, »Übernahme von Stereotypen«, »Diskriminierungserfahrungen«, »sozialer Rückzug« und »Stigmaresistenz« genauer untersuchen. In der vorliegenden Arbeit wurden die Gesamtskala und die Stigmaresistenz-Subskala ausgewertet. Die Stigmaresistenz-Subskala besteht aus fünf Items und erhebt, in welchem Ausmaß Personen gegenüber Stigma immun sind; inwieweit sie zum Beispiel trotz und mit einer psychischen Erkrankung ihr Leben als gut

und erfüllend wahrnehmen. Die deutsche Version ist wie die englische in der Lage, Selbststigmatisierung bei Personen mit einer Psychose aus dem schizophrenen Formenkreis zu erfassen (Sibitz u.a. 2013).
Die RAS misst Aspekte von Recovery und setzt einen besonderen Fokus auf Hoffnung und Selbstbestimmung (Corrigan u.a. 2004; Campbell-Orde u.a. 2005). Ursprünglich wurde sie basierend auf einer Analyse persönlicher Recoverygeschichten entwickelt, inzwischen wurde sie aber durch eine Faktorenanalyse in Bezug auf ihre Subskalen untersucht und erfolgreich auf Validität und Reliabilität getestet (Salzer, Brusilovskiy 2014). Die hier verwendete Kurzversion enthält 24 Items (im Gegensatz zu ursprünglichen 41 Items) und wurde von Lipp und Kollegen (2012) ins Deutsche übersetzt. Jede Aussage wird anhand einer fünfstufigen Likert-Skala bewertet: 1 = lehne voll ab, 2 = lehne eher ab, 3 = lehne weder ab noch stimme ich zu, 4 = stimme eher zu, 5 = stimme voll zu. Beide Versionen haben fünf Subskalen: Die erste untersucht die »persönliche Zuversicht und Hoffnung«, die zweite die »Bereitschaft, sich Hilfe zu suchen«. Die dritte untersucht die »Ziel- und Erfolgsorientierung«, die vierte das »Sichverlassen auf andere« und die fünfte das »Nicht-beherrscht-Werden durch Symptome«. In unserer Begleitforschung wurden alle fünf Subskalen und die Gesamtskala herangezogen.

Datenerhebung

Im Rahmen der qualitativen Untersuchung wurden insgesamt fünf Einzelinterviews und zwei Fokusgruppen mit jeweils drei bis vier Teilnehmenden durchgeführt. Die Interviews dauerten im Durchschnitt 59 Minuten, die moderierte Gruppendiskussion der beiden Fokusgruppen 75 beziehungsweise 90 Minuten.
Für diese Erhebungen wurden Teilnehmende aus insgesamt sieben Gruppendurchläufen angesprochen. Die Kontaktaufnahme erfolgte jeweils am Ende des letzten Sitzungstermins oder im Nachhinein schriftlich oder telefonisch. Einbezogen wurden größtenteils Personen, die einen Gruppendurchlauf vollständig durchlaufen hatten. Wir nahmen aber auch eine Person auf, die das Gruppenformat frühzeitig abgebrochen hatte. Die Erhebung erfolgte meistens direkt nach Abschluss der Gruppe, etwa zwei Wochen nach dem letzten Sitzungstermin. In Einzelfällen erhoben wir die Daten mit mehr Abstand zum Ende

der Gruppe (maximal eineinhalb Jahre), um auch die längerfristigen Effekte des Gruppenformates ermitteln zu können.

Die Testpersonen für die qualitative Teilstudie bestimmten wir in einem sich mehrfach wiederholenden Prozess aus Datenerhebung und Analyse (siehe auch Seite 91). Dieser Prozess wurde so lange fortgesetzt, bis Datensättigung eintrat. Das war bei zwölf Teilnehmenden der Fall. Insgesamt wurden 15 Personen angefragt, wobei drei Personen die Teilnahme ohne Angabe von Gründen ablehnten (Response-Rate = 80 Prozent). Tabelle 1 zeigt die soziodemografischen Eigenschaften der Stichprobe (n = 12).

TABELLE 1 Soziodemografie der Teilnehmenden (n = 12)

Charakteristika		**Angaben**
Geschlecht, n (%)	Weiblich	9 (75)
	Männlich	3 (25)
Alter in Jahren, Mittelwert (Standardabweichung); min.–max.		38,7 (11,5); 27–72
Psychiatrische Diagnose (ICD-10-GM): F20.x, n (%)		12 (100)
Zeit seit letzter stationärer Behandlung in Monaten, Mittelwert (Standardabweichung); min.–max.		4,1 (9,3); 3–18

Die standardisierte Pilotbefragung wurde jeweils vor Gruppenbeginn und nach Teilnahme an einem gesamten Gruppendurchlauf vorgenommen. Sie wurde ab dem zweiten Gruppendurchlauf also über insgesamt acht Durchläufe hinweg angeboten. Die Teilnahme an dieser Erhebung war freiwillig. Nicht jede Person hat sich bereit erklärt und/oder die Befragungsbögen vollständig ausgefüllt. Auch hat nicht jede Person alle zehn Sitzungen besucht. So haben im Schnitt pro Durchlauf drei bis vier Personen einen vollständigen Satz an Bögen vor und nach den Sitzungen ausgefüllt.

Für die Fragebogenerhebung wurden 49 Teilnehmende angefragt, wobei dreißig von ihnen ihre Bereitschaft zur Teilnahme erklärten. Neun Personen schieden aus der Auswertung aus, entweder, weil sie die Fragebögen nicht korrekt oder nicht vollständig ausgefüllt hatten, oder, weil sie die Gruppe vorzeitig verlassen hatten. 21 Teilnehmende füllten die Fragebögen vollständig aus. Soziodemografische Daten wurden bei diesen Personen nicht erhoben.

Datenanalyse

Zur Datenanalyse wurden verschiedene Auswertungsmethoden genutzt, die im Folgenden beschrieben werden.

Qualitative Untersuchung

Alle Interviews und Fokusgruppen wurden digital aufgezeichnet, transkribiert und anonymisiert. Als Analysemethode wurde auf die Grounded Theory Methodologie (=GTM) zurückgegriffen (Mey, Mruck 2011; Strauss, Corbin 1996). Erhebung und Analyse fanden in einem sich mehrfach wiederholenden, iterativen Prozess statt. Dieser Prozess wurde so lange fortgeführt, bis sich keine neuen Erkenntnisse mehr einstellten, bis also eine »theoretische Sättigung« eingetreten war.
Auf diese Weise entstand ein Kategoriensystem aus Haupt- und Unterkategorien. Um substanzielle Gütekriterien qualitativer Forschung zu berücksichtigen, wurden die Transkripte durch die Studentinnen der Psychologie und durch Julian und Sebastian unabhängig voneinander (konsensuell) codiert und miteinander verglichen: Der Fortgang von Analyse und Auswertung wurde regelmäßig im Forschungsteam diskutiert. Gleichzeitig und als Teil des Analyseprozesses haben Julian und Sebastian ein Wirkmodell zu recoveryorientierten Gruppenformaten entwickelt.

Quantitative Untersuchung

Die statistische Analyse wurde mittels der Software »Statistical Package for Social Science« (SPSS, SPSS Inc.) durchgeführt. Wir haben dabei mit zwei Stichproben gearbeitet, die sich im Hinblick auf den Zeitpunkt der Erhebung unterschieden. Die erste Stichprobe hat den Einfluss der Teilnehmenden auf die Konstrukte der zwei Gesamtskalen und sechs Subskalen vor der Teilnahme an der Gruppe untersucht. Die zweite Stichprobe untersuchte den Einfluss nach der Teilnahme an der Gruppe.
Um herauszufinden, ob sich hier Unterschiede herauskristallisieren, haben wir die Mittelwerte der einzelnen Skalenwerte innerhalb einer Stichprobe errechnet und anschließend miteinander verglichen. Da es

sich bei den beiden Stichproben um eine Messwiederholung handelt, wurde hierfür der t-Test für abhängige Stichproben verwendet. Bei der Bestimmung des Signifikanzniveaus wurde ein p-Wert ≤ 0.05 als statistisch signifikant angenommen.

Entwicklung eines Wirkmodells

Wirkmodelle (oder auch: logische Modelle) sind wichtig, um die unterschiedlichen Wirkungen eines therapeutischen Angebots zu überprüfen. Sie werden häufig bei der Evaluation komplexer Interventionen genutzt, um differenziert abzubilden, wie eine Intervention mit ihren Outcomes, also Effekten verknüpft ist – sowohl theoretisch als auch empirisch. Die Entwicklung eines Wirkmodells ist Voraussetzung für eine angemessene Evaluation von Interventionen. Dies erfolgt üblicherweise unter Einbezug theoretischer Vorannahmen und Überlegungen aller Beteiligten der Intervention.

Nach Huey T. Chen (2014) wird zunächst ein Aktionsmodell entwickelt. Dieses setzt sich aus den impliziten und expliziten Bedingungen zusammen, die zum Wirken einer Maßnahme beitragen. Unter Hinzuziehen der intendierten und nicht intendierten, direkten und indirekten Effekte einer Maßnahme wird das Aktions- in ein Veränderungsmodell überführt. Dabei können auch mediierende Wirksamkeitsbedingungen (Effekte vermittelnd) berücksichtigt werden.

Ein gelungenes Beispiel für ein Wirkmodell ist das von Steve Gillard und Kollegen (2015) entwickelte »Change model for peer worker interventions in mental health services«. Es ist auch deshalb hervorzuheben, weil bisher nur sehr wenige und zum Teil uneindeutige Wirksamkeitsbelege über Peerinterventionen vorliegen, bedingt durch ein unzureichendes Verständnis der komplexen Wirkzusammenhänge dieser Interventionen. Diesen Mangel nehmen Gillard und Kollegen in ihrer Studie zum Anlass, um ein differenzierteres Wirkmodell zu entwickeln. Zusammenfassend wird dargestellt, welche Wirkfaktoren (»change mechanisms«) von Peerinterventionen zu welchen Prozess-Outcomes führen und wie diese wiederum mit nachgelagerten Effekten (z.B. dem Entstehen von Recovery oder »Wellbeing«) verbunden sind. Empirische Grundlage bilden qualitative Interviews mit Peers, die mithilfe der Grounded Theory ausgewertet wurden. Die Zusammenhänge der Wirkfaktoren wurden anschließend auf

Grundlage von theoretischer Literatur »modelliert« und in ein Wirkmodell überführt.
Ähnlich der Arbeiten von Gillard und Kollegen wurde das vorliegende Wirkmodell zu recoveryorientierten Gruppenformaten sowohl auf Grundlage von empirischen als auch theoretischen Einflüssen entwickelt. Diese umfassen:

- die Ergebnisse der vorliegenden Begleitevaluation,
- theoretische Vorannahmen und praktische Erfahrungen des moderierenden Teams aus bisherigen Gruppendurchläufen,
- die Ergebnisse einer Literaturrecherche zur Konstruktion von Wirkmodellen insbesondere in der psychiatrischen Versorgungsforschung.

Wie eingangs beschrieben, wurden die Leitfäden für die qualitative Erhebung so konstruiert, dass sie die Wirkfaktoren, mediierende Effekte und Outcomes erfassen (siehe Abbildung 1). Ausgehend von dieser Grundannahme und unter Einbezug der Theorie zur Erstellung von Wirkmodellen (Chen 2014) wurden die im Grounded-Theory-Prozess gebildeten Codes beziehungsweise Kategorien entlang von fünf vertikalen Grundachsen angeordnet. Diese bilden sozusagen das »strukturgebende Raster« unseres Wirkmodells:

I. Haltungsbezogene Wirkfaktoren
II. Strukturbezogene Wirkfaktoren
III. Prozessbezogene Wirkfaktoren
IV. Effekte
V. Outcomes

Aus Gründen der Übersicht ist an dieser Stelle nur eine reduzierte Version des Modells abgebildet. Die vollständige Version stellt Abbildung 2 (S. 116–117) dar. Die Unterkategorien tauchen aus Gründen der Übersichtlichkeit nicht in der vereinfachten Version des Wirkmodells auf. Außerdem ist zu beachten, dass die horizontalen Achsen jeweils nicht eindimensionale Beziehungsgefüge sind, in denen ein Wirkfaktor mit einem Outcome verbunden ist. Spätestens auf der Ebene der Outcomes konvergieren die Achsen, da ein Wirkfaktor oder Effekt möglicherweise verschiedene Outcomes zeigt. Dies ist ebenfalls aus Gründen der Übersichtlichkeit in Abbildung 1 nicht dargestellt.
Durch die Analyse des qualitativen Materials konnten vier Hauptkategorien identifiziert werden, die in Abbildung 1 durch die horizontalen

Achsen dargestellt sind. Das Wirkmodell ist von links nach rechts zu lesen und beschreibt jeweils themenbezogen, welche Wirkfaktoren, Effekte und Outcomes die Teilnehmenden in ihrem Recoveryprozess unterstützten.

ABBILDUNG 1 Strukturgebendes Raster des Wirkmodells für recoveryorientierte Gruppenformate

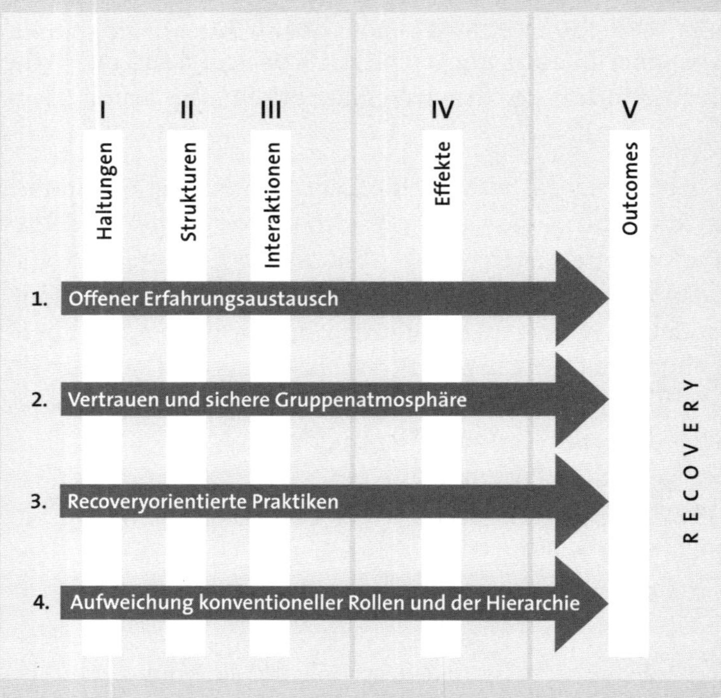

Bei der Konstruktion der thematischen Achsen wurde insbesondere nach dem Prinzip des »axialen« Codierens verfahren, um das Entstehen von Querverbindungen (hier: Wirkbeziehungen) zwischen den gebildeten Unterkategorien zu fördern. In dieser Phase wurden also Kategorien weiterentwickelt und ihre Beziehungen zueinander herausgearbeitet.

Während es bei der Erstellung von Wirkmodellen üblicherweise darum geht, kausale Beziehungen aufzudecken, wurde hier bewusst darauf

verzichtet. Die Verbindungen der Unterkategorien des vorliegenden Modells sind stattdessen als Sinnzusammenhänge zu denken. Kausalität ist allein deshalb an dieser Stelle nicht möglich, da die in Beziehung gesetzten Unterkategorien in weiten Teilen Aspekte beschreiben, die sich nur bedingt operationalisieren lassen. Zum Beispiel ist die Unterkategorie »Mut und hoffnungsvolle Perspektive« nur schwer anhand beobachtbarer Kriterien messbar.
Die Ergebnisse der Fragebogenauswertungen wurden ebenfalls in die Modellbildung einbezogen, jedoch erst zu einem späteren Zeitpunkt, als der Grounded Theory-Prozess bereits abgeschlossen war. Dieses Vorgehen wurde gewählt, um die induktive Kategorienbildung nicht zu verunsichern. Im Einzelnen wurde überprüft, inwiefern sich jene Subskalen der Fragebögen in das Wirkmodell integrieren ließen, für die eine signifikante und deutliche Differenz im Vorher-nachher-Vergleich festgestellt werden konnte. Während im vorangehenden Abschnitt vor allem die methodischen Einzelheiten der Modellentwicklung beschrieben wurden, findet sich in der Diskussion (S. 95) eine umfassendere Darstellung, die auch Ausführungen zur inhaltlichen Entwicklung des Wirkmodells enthält.

Ergebnisse der qualitativen Untersuchung

Die Darstellung der Ergebnisse erfolgt thematisch, anhand vorbeschriebener vier Hauptkategorien:

1. Offener Erfahrungsaustausch
2. Vertrauen und sichere Gruppenatmosphäre
3. Recoveryorientierte Praktiken
4. Aufweichung konventioneller Rollen und der Hierarchie

Im Folgenden werten wir die vier Hauptkategorien aus. Die fett markierten Begriffe entsprechen dabei den Unterkategorien, die wir zu den Hauptkategorien in Bezug stellen. Alle aufgeführten Zitate sind sprachlich und grammatikalisch redigiert. Sprachliche Äußerungen, die von den Teilnehmenden besonders betont wurden, sind kursiv dargestellt.

Offener Erfahrungsaustausch

Ein offener Erfahrungsaustausch ist Kernbestandteil des Lebenswege-Gruppenformats. Hierfür ist seitens des moderierenden Teams nicht viel notwendig: eine wache Aufmerksamkeit, eine grundlegende Offenheit für die Vielstimmigkeit und Unterschiedlichkeit der Beiträge und eine Zurückhaltung in Bezug auf die eigenen Sichtweisen. Aus Sicht der Teilnehmenden war dieser offene Erfahrungsaustausch zentral und hat unterschiedliche Effekte mit sich gebracht.

Erfahrungsaustausch: Allem voran betonten die Teilnehmenden die Wichtigkeit des Erfahrungsaustauschs. Dabei schienen die ausgetauschten Erfahrungen Vorrang gegenüber vordefinierten Themen oder einer Vermittlung von Expertenwissen zu haben:

» Meistens ging es darum, dass man sich in der Gruppe trifft und sich austauscht – frei weg von den Themen. «

» Es ging größtenteils nicht um die Inhalte eines Programms, sondern eben um Erfahrungsaustausch. «

» Es wurde versucht, ein bisschen Theorie reinzubringen durch die Moderierenden. Das andere waren eben die Beiträge der Leute. Es war eigentlich eine gute Mischung. «

»Prozessorientierung«: Ein festes Schema, nach dem der Austausch abzulaufen hatte, gab es aus Sicht der Teilnehmenden nicht. Stattdessen sei sich an dem orientiert worden, was im Gespräch aufkam. Das brachte eine starke Offenheit mit sich. So konnte sich das Gespräch um Themen drehen, die für die Teilnehmenden tatsächlich von Interesse waren:

» Wir sind nicht starr an einem Thema kleben geblieben, sondern haben uns weiterentwickelt. «

» Das Schöne war, dass man sich irgendwie an den Beiträgen entlanggehangelt hat, sozusagen. «

Bezüglich des Grades an Offenheit gab es durchaus unterschiedliche Vorstellungen. Einige Teilnehmenden vermissten einen »roten Faden« des Austausches. Eine andere Teilnehmerin hielt demgegenüber die Gruppe für zu stark durch das moderierende Team gesteuert:

» Ich fand es an manchen Stellen sogar ein Stück *zu* weit gelenkt. «

Mitsprache, Mitbestimmung und Beteiligung: Die Teilnehmenden gaben an, bei der Auswahl der Themen gleichberechtigt beteiligt gewesen zu sein, und hatten das Gefühl, mit ihren Beiträgen Einfluss auf die Gestaltung der Sitzungen zu nehmen. Das moderierende Team hielt sich zurück und bot nur etwas an, falls ein Austausch nicht zustande kam. Die vorgeschlagenen Themen dienten vor allem als Ausgangspunkt oder »Katalysator« und waren für den Verlauf der Sitzungen häufig nicht entscheidend:

» Wir haben die Themen selber gesucht, auch wenn [das moderierende Team] immer was in petto hatte. «

» Die haben eben gesehen, worüber die Teilnehmenden sprechen wollten – und dann wurde darüber auch gesprochen. «

» Es war jetzt nicht so dieses Frage-Antwort-Spiel, sondern es gab irgendwie eine kleine Überschrift und dann hat jeder erzählt [...], also jeder, der reden wollte. Und dadurch ist so etwas wie eine Geschichte entstanden. «

» Das waren [vom moderierenden Team] immer so Anpikser: ›Ja, genau, darüber könnte man auch noch mal reden!‹. «

Einzelne Teilnehmende bereiteten die Sitzungen eigeninitiativ vor oder nach. Dies hatte den Effekt, dass von ihnen die Gruppe eher als Projekt und nicht als Psychoedukation mit Schulungscharakter wahrgenommen wurde. Dies steigerte zugleich die Beteiligungsmöglichkeit:

» Gesetzt den Fall, es wurde besprochen, dass wir das nächste Mal über Medikamente reden. Dann habe ich mir zu dem Punkt überlegt, was mich besonders interessiert. Das habe ich bei fast jedem Thema so gemacht. Ich will mich ja dort einbringen und auch von etwas profitieren. «

Vergleich mit anderen Teilnehmenden: Außerdem machte der Erfahrungsaustausch einen Vergleich mit anderen Teilnehmenden möglich, der als besonders hilfreich erlebt wurde. Dieser Vergleich scheint auf einer Art Metaebene abzulaufen, wobei die Teilnehmenden unterschiedliche Nutzen und Effekte beschrieben:

» Man vergleicht sich ja irgendwie ständig mit den anderen. So eine Gelegenheit bekommt man im ›normalen Leben‹ sonst nicht. «

» Zu sehen, wie Menschen noch von der Psychose betroffen sind, und sich dann ein Stück weit zu vergleichen und Rückschlüsse zu ziehen. «

» Auch wenn die Geschichten anders waren – es gibt ja oft so Parallelen vom Erleben und Wahrnehmen her. Und das kann man dann irgendwie besser verstehen. «

Lebendiger und bedeutsamer Austausch: Durch die Möglichkeiten des Vergleichs untereinander und der Mitsprache sowie durch die beschriebene Prozessorientierung konnte ein lebendiger und bedeutsamer Austausch entstehen:

» Da wurde was ›in den Raum geworfen‹ und dann hatte man gleich ganz viele Assoziationen. Ich glaube, langweilig wurde es bei uns nicht [lacht]. «

» Die Struktur war manchmal sehr aufgeweicht. Ich fand das aber nicht schlecht. Es hat sich meist sogar als interessanter entpuppt als das eigentliche Thema. «

Verbundenheit durch Psychoseerfahrung: Es entstand ein Gefühl der Verbundenheit untereinander. Dieses Gefühl hat sich auch durch die »Homogenität in der Gruppe« hergestellt, sprich, durch die Tatsache, dass alle Teilnehmenden psychoseerfahren sind. Zugleich schienen die Teilnehmenden auch von Unterschiedlichkeit zu profitieren, zum Beispiel hinsichtlich Alter, »Position« innerhalb des Genesungsprozesses oder der Dauer der Erkrankung. Diese Unterschiede verstärkten wiederum die diversen Identifikations- und Austauschprozesse:

» Die waren halt alle psychoseerfahren – das schweißt schon irgendwie zusammen. «

» Dass es eine so homogene Gruppe war, das war eigentlich eine gute Erfahrung. «

» Die Zusammensetzung war bunt gemischt, auch vom Alter her. Es waren deutlich Ältere da, aber auch Personen in meinem Alter. Ich fand das ganz gut, dass es so gemischt war, auch von der Krankheitsschwere.

[…] Es waren welche dabei, die chronisch krank waren, aber auch Ersterkrankte. Und trotzdem hat man sich auf die anderen Personen eingelassen. «

Realitätsabgleich: Einzelne Teilnehmende gaben an, dass sie der Vergleich mit anderen Teilnehmenden in der Gruppe dabei unterstützt habe, ihre eigene Wirklichkeit von der sozial geteilten Realität besser unterscheiden zu können. Dies schien sich förderlich auf den Genesungsprozess auszuwirken:

» Für mich hat es geholfen, die Wirklichkeit so abzugleichen. Kann ich wirklich raus? Kann ich mich wirklich wieder in die Welt begeben, ohne groß nachzudenken? «

Mit der Situation nicht allein sein: Einer der wichtigsten Nutzen, den die Teilnehmenden aus der gegenseitigen Verbundenheit und dem Vergleich untereinander zu ziehen schienen, war die Erkenntnis, mit der eigenen Situation, den Krankheitserfahrungen oder den Folgen der Erkrankung nicht allein zu sein. Dieser Aspekt wurde von zehn der zwölf Teilnehmenden betont:

» Dass man mit Gleichgesinnten zusammen ist und nicht alleine dasteht. «

» Menschen gegenüberzusitzen, die so etwas Ähnliches haben. Das gibt einem das Gefühl, man ist mit seiner Krankheit nicht allein. «

» Geteiltes Leid ist halbes Leid […]. Ich habe gesehen, dass einige Leute in der Gruppe das gleiche Problem haben, und da konnte ich mich mit identifizieren. Genau *das* hat mir geholfen. «

» Dass man nicht alleine ist und seine Leidensgenossen mal kennenlernt. […] Im Grunde genommen hat das das Selbstbewusstsein auf jeden Fall gestärkt. «

» Oder auch so ähnliche Probleme. Wenn jemand erzählt: ›Boah, ich habe heute den ganzen Tag zu Hause gesessen, geraucht und Kaffee getrunken‹ – da denkt man sich: ›Ja, ich auch!‹. «

Entstehen von Freundschaften: Außerdem berichteten einzelne Teilnehmende der Fokusgruppe, dass sich durch den Austausch bei ihnen oder anderen Teilnehmenden über die Gruppe hinausreichende Kontakte oder Freundschaften entwickelt hätten:

» Bei mir ist da auch eine Freundschaft mit einer Teilnehmerin entstanden. «

» Ich hatte den Eindruck, dass sich daraus Freundschaften entwickelt haben. Dass sich einige nach der Gruppe noch verabredet haben, weil sie den Austausch weiterführen wollten. «

Abnahme von Stereotypen: Durch den Vergleich mit den anderen Gruppenmitgliedern gelang den Teilnehmenden darüber hinaus ein Positionswechsel von einer stigmatisierenden Grundhaltung gegenüber psychischem Kranksein hin zu einer anerkennenden, verständnisvollen Haltung. Alle drei der folgenden Zitate räumen anfängliche Vorbehalte, Ängste oder eine große Distanz gegenüber Betroffenen (hier: Psychoseerfahrenen) ein. Erst der recoveryorientierte Austausch habe zum Umdenken angeregt und eine offenere, wertschätzende Grundhaltung ermöglicht:

» Es gibt halt auch andere Leute [mit Psychoseerfahrung], die einigermaßen in Ordnung sind. [...] Die sind trotzdem irgendwie krank geworden, obwohl sie tolle Menschen sind. «

» Ich habe in den ganzen zwölf Jahren, bevor ich wieder ins Krankenhaus kam, den Kontakt zu Kranken gemieden. Und eigentlich habe ich erst hier gelernt, dass es in dem Sinne keine Kranken gibt. [...] Dass ich da nicht so 'ne Berührungsangst haben muss. Ich habe immer gedacht: Okay, ich umgebe mich mit normalen Leuten, dann bin ich auch normal. So. Das hier war für mich das erste Mal, dass ich so mit Betroffenen geredet habe. «

» Ohne die Gruppe hätte ich nicht unbedingt die Einsicht bekommen, dass Betroffene auch gesund sind. «

Verorten im Genesungsprozess: Ein wichtiger Outcome aus Sicht der Teilnehmenden ist außerdem die Fähigkeit, sich selbst im Genesungsprozess zu positionieren. Hierfür scheint erneut der Vergleich mit anderen Teilnehmenden eine Rolle zu spielen. So wurde das Sich-selbst-Einordnen anhand der anderen als kontinuierlicher Lernprozess beschrieben, der unmittelbar auf die Genesung rückwirke. Voraussetzung für diese selbstreflexive Tätigkeit sei ein gewisser Abstand zur akuten Symptomatik:

» Was damals bei mir passiert ist, ist das, wo die anderen jetzt sind. Insofern hat die Gruppe als Therapeutikum dazu beigetragen, viele Sachen noch ein bisschen mehr zu verstehen. «

» Menschen, die vielleicht schon weiter weg sind von ihrer akuten Phase, müssen einfach nur lernen, zu trennen, dass es vielleicht mal so oder so ähnlich bei ihnen selber war, man aber jetzt schon einen Schritt weiter ist. «

Dabei schienen insbesondere Gruppenmitglieder, die bereits weiter fortgeschritten im Genesungsprozess waren, von anderen mit akuterer Symptomatik zu profitieren:

» Da waren auch Patienten von Station dabei, wo ich merken konnte, die sind noch mehr in der Krankheit drin. Das war so dieses ›Zwischen‹ – das ist jetzt deren Realität und das ist meine. Und ich habe in der Gruppe irgendwie versucht, zu lernen, mich wieder mehr abzugrenzen. «

Anerkennen eigener Fortschritte: Durch den Vergleich mit anderen Betroffenen gelang es den Teilnehmenden, sich ihrer eigenen Fortschritte im Genesungsprozess bewusst zu werden. So nahm ein Teilnehmender für sich mit, dass Betroffene anderen Belastungen ausgesetzt sind als Nicht-Betroffene. Gleichzeitig konnte er sich vergegenwärtigen, wie viel positive Entwicklung trotz der Betroffenheit möglich ist:

» Ich habe festgestellt, dass wir [Psychoseerfahrene] einfach anders belastet sind. Und was man trotzdem so alles erreicht hat – das ist dann eben richtig gut, zu hören. «

Eine weitere Teilnehmerin gab an, gelernt zu haben, nicht mehr so streng mit sich zu sein: Anstatt sich auf Defizite zu berufen, gelang es ihr, den Fokus mehr auf die eigenen Ressourcen und Potenziale zu richten, ohne dabei einen zu hohen Erwartungsdruck aufzubauen:

» Dass man halt wirklich eine ganze Menge schafft. Und ich habe mir von Woche zu Woche wieder mehr zugetraut oder auch mal gedacht: Na ja, mein Gott – dann ist es jetzt so und ich mach's trotzdem. Also bei bestimmten Sachen, zum Beispiel, als ich noch in diesem Café bedient habe. Das ist mir nicht leichtgefallen, also da war ich noch ziemlich mit mir beschäftigt und hab's trotzdem gemacht, weil ich mir gedacht habe: Jetzt erst recht! «

Vertrauen und sichere Gruppenatmosphäre

Verschiedene strukturelle Rahmenbedingungen und Verhaltensweisen des moderierenden Teams haben aus Sicht der Teilnehmenden zu einer vertrauensvollen und sicheren Atmosphäre beigetragen, in der die Mitglieder der Gruppe sich aufeinander verlassen und einlassen konnten. Vonseiten des moderierenden Teams sind für die Herstellung einer solchen Atmosphäre vor allem ein kontinuierliches Dabeisein, ein neugieriges Begleiten und Wertschätzung notwendig.

Blitzlicht, Abschlussrunde, Stuhlkreis: Die Befindlichkeitsrunde zu Beginn und zum Ende der Sitzungen wurde einerseits als anregend und andererseits als integrierend erlebt. Die einander zugewandte Sitzposition im Kreis schien ein Gefühl von Sicherheit und Zugehörigkeit bei den Teilnehmenden zu hinterlassen:

» Wir haben immer mit so einem Blitzlicht angefangen, wie es einem geht, und da hat jeder etwas gesagt. Bei so was bin ich schon auch aufgeregt [...], sich erst mal einzufinden in eine Gruppe und dann ins Erzählen zu kommen. Das ist erst schwierig und mit der Zeit geht es dann. «

» Ich fand es gut, eine Ankommens- und Schlussrunde zu machen. [...] Und auch das Sitzen im Stuhlkreis [...], dadurch war man in der Runde so direkt integriert. «

Sitzungsübergreifende Kontinuität der Teilnehmenden: Wesentlich für das Entstehen einer von Vertrauen und Offenheit geprägten Atmosphäre war aus Sicht der Teilnehmenden das geschlossene Gruppenformat. Einerseits seien dadurch auch private Beiträge geschützter. Andererseits entstehe durch die gleichbleibende Zusammensetzung der Teilnehmenden im Vergleich zu nicht-geschlossenen Gruppenformaten ein Vertrauensverhältnis, was es ermögliche, sich stärker zu öffnen:

» Ich habe mich auf jeden Fall geschützt gefühlt, weil es eine geschlossene Gruppe war. Das war für mich mit das Wichtigste, das Gesagte da [in der Gruppe] zu lassen und nicht rauszutragen. «

» Dass immer die gleichen Leute da waren. Dadurch hat man die Chance bekommen, sich besser zu öffnen, so. Wenn sich das die ganze Zeit durchmischt, fühlt man sich nicht wohl. «

» Weil auch immer wieder dieselben da waren. [...] Das war wirklich ein absolutes Vertrauensverhältnis. «

Freiwilligkeit, Rückzug und stille Teilnahme: Den Teilnehmenden schien es wichtig, den Grad ihrer Beteiligung in der Gruppe selbst dosieren und sich auch zurücknehmen zu können. Sowohl die Freiwilligkeit ihrer Anwesenheit als auch ihre freiwillige Entscheidung, Wortbeiträge (nicht) einzubringen, wurden nicht als Selbstverständlichkeit, sondern als Besonderheiten dieses Formats erlebt:

» Ich habe mich auch nicht unter Druck gefühlt, was zu sagen. Manchmal bin ich hingegangen und habe fast nur zugehört. «

» Es gab keinen Moment, in dem ich mich unwohl gefühlt habe. Weil ich wusste, ich kann mich immer zurückziehen, ich muss ja nicht reden. Wenn ich nicht möchte, höre ich einfach nur zu. «

» In einem anderen Krankenhaus, in dem ich zwischenzeitlich war, gab es auch solche Gesprächsrunden. Wenn man da aber nicht geredet hat, wurde man dafür richtig kritisiert. [...] Da sollte man sich *jetzt* ›öffnen‹, um möglichst ›ergiebig‹ und ›nützlich‹ irgendwie von sich erzählen. Und wenn man das nicht gemacht hat, wurde richtig gemeckert. [...] Ich finde es wichtig, dass da jeder freiwillig ist. «

Vorsichtiges und respektvolles Einladen durch das moderierende Team: Das moderierende Team habe sich darum bemüht, eher zurückhaltende oder stillere Personen mit viel Vorsicht zu Wortbeiträgen einzuladen. Dadurch hätten sich für diese Personen auch ihre Beteiligungsmöglichkeiten erhöht:

» Die haben die Runde ein bisschen geleitet – und das war auch gut so. Es gibt ja immer mal Leute, die das Gespräch so an sich reißen. Aber die haben ganz gut hinbekommen, dass es ausgewogen war und auch Leute gefragt worden sind, die nicht so viel gesagt haben. «

» Die drei [vom moderierenden Team] haben sehr respektvoll und sensibel versucht, jeden mit einzubringen. Wenn sich jemand nicht getraut hat, dann hat man ganz vorsichtig versucht, den irgendwie mit an die Hand zu nehmen, damit er vielleicht auch etwas sagt und seine Perspektive mit einbringt. «

Sich respektiert, wertgeschätzt und ernst genommen fühlen: Das vorsichtige und respektvolle Vorgehen des moderierenden Teams führte nicht nur zu einer vertrauensvollen Atmosphäre. Es hatte darüber hinaus auch den Effekt, dass sich die Teilnehmenden respektiert, wertgeschätzt und mit dem Moderierenden auf Augenhöhe erlebten – auch in Abgrenzung zu negativen Vorerfahrungen aus der stationären Psychiatrie:

» Ich hatte immer so ein bisschen das Gefühl in der Psychiatrie, dass man uns nicht mehr für voll genommen hat, man irgendwie so Mensch zweiter Klasse war – ganz extrem. Und das fand ich, war hier anders. «

Vertrauensvolle und sichere Atmosphäre, die Offenheit bei den Teilnehmenden schafft: Zusammenfassend schien die von Vertrauen, Sicherheit und Wertschätzung geprägte Atmosphäre den (kurzfristigen) Nutzen zu haben, dass sich die Teilnehmenden in Bezug auf ihre Erkrankungserfahrungen öffneten:

» Die Atmosphäre und die Gruppendynamik waren angenehm, also die Organisatoren, die waren sehr verständnisvoll, und dadurch konnte man sich auch öffnen. «

» Dass ich dort wirklich ganz offen reden konnte [...], weil es so vertrauenswürdige Leute waren. Die haben sich auch alle geöffnet und haben Sachen über ihr Familienleben erzählt, welche Familienmitglieder auch schon vorher betroffen waren von psychischen Störungen. [...] Das habe ich in anderen Gruppen nie gehabt. [...] Dieses Gefühl von Ehrlichkeit und Offenheit. «

Dabei schien sich der Grad an Offenheit zwischen den Teilnehmenden gegenseitig zu verstärken:

» Dadurch, dass die anderen auch so offen waren, wird man selber auch offener und geht da noch mal anders mit um. «

Andere Teilnehmende zogen wiederum eine klare Grenze zwischen dem Austausch von krankheitsbezogenen und privaten Inhalten:

» Diese Offenheit darüber, was in den Psychosen der anderen passiert ist, fand ich spannend. [...] Aber die ganzen *privaten* Themen finde ich halt irgendwie schwierig. «

» Ich selbst öffne mich vielleicht nicht entsprechend in der Gruppe, weil ich denke, dass meine ganz privaten Probleme hier nichts zu suchen haben. «

Sich äußern lernen: Durch diese Offenheit innerhalb des sicheren Gruppenrahmens konnten die Teilnehmenden üben und lernen, bisher »Unversprachlichtes« wie zum Beispiel psychotische Erfahrungen an- und auszusprechen. Ein Effekt, den wir als einen längerfristigen Outcome einschätzen:

» Das sind so Gleichgesinnte, mit denen man über diese Probleme reden kann, über die man sonst mit *niemandem* quatschen kann. «

(Wieder-)Aufbau von Selbstbewusstsein: Außerdem hat die Offenheit und das Sich-Öffnen zu einer Stärkung des Selbstbewusstseins der Teilnehmenden geführt:

» Das hat einen positiven Effekt gehabt, weil man ja mal vor anderen Leuten darüber gesprochen hat. Das hat schon das Selbstbewusstsein gestärkt. «

» So eine Gruppe ist wichtig, damit Leute wie er [spricht über einen anderen Teilnehmenden] eben auch einen Ort haben, wo sie wieder mehr Selbstvertrauen bekommen. Also und wo sie *nicht* denken, sie werden andauernd stigmatisiert oder so. «

Recoveryorientierte Praktiken

Aus Sicht der Teilnehmenden trugen vor allem eine recoveryorientierten Haltung seitens des moderierenden Teams und recoveryorientierte Techniken dazu bei, dass ihr Genesungsprozess unterstützt wurde. Dazu gehört die Einstellung, dass Psychosen episodisch sind, es sich bei ihnen um ein menschliches Phänomen handelt und sie mit der individuellen Lebensgeschichte der Betroffenen verknüpft sind. Außerdem sind hier eine hoffnungsvolle Haltung und die feste Überzeugung des moderierenden Teams notwendig, dass jede Teilnehmerin und jeder Teilnehmer prinzipiell genesen kann.

Raum für Erzählungen: Zentral für den Austausch ist aus Sicht der Teilnehmenden, dass sie ihre eigenen Erfahrungen und ihre eigene Geschichte einbringen und erzählen können. Dieses Erzählen fand verschiedene Formen und hatte verschiedene Effekte:

» Wichtig ist, dass Patienten so eine Plattform haben, wo sie ihre Erlebnisse einfach erzählen können. Das wird ansonsten viel zu wenig gemacht. «

Fokus auf Inhalte statt Symptome von Psychosen: Als zentrales Element eines recoveryorientierten Vorgehens wurde der gewählte Fokus auf die Inhalte der Psychoseerfahrungen anstelle von Krankheitssymptomen angesehen. Letztere hätten in der üblichen klinischen Praxis ein deutliches Übergewicht, schildert eine Teilnehmerin:

» Gerade bei Psychiatern, die gehen immer nur auf Symptome ein, aber nicht auf die Inhalte der Psychose oder des Erlebens. «

Förderung subjektiver Erklärungs- und Genesungsmodelle: Die Teilnehmenden begrüßten außerdem den hohen Stellenwert, den die subjektiven Erklärungs- und Genesungsmodelle innerhalb des Austauschs erhielten. Ihnen war eine gleichrangige Berücksichtigung unterschiedlicher Erklärungsansätze wichtig. Folgende Äußerung bringt die Toleranz für sowohl biopsychosoziale Erklärungsmodelle als auch stärker subjektorientierte Zugänge zum Ausdruck:

» Sicherlich hat jeder für sich irgendwie Erklärungsansätze mitgenommen. Die einen mehr das physische Modell; die anderen mehr eben die Gefühlswelt und so. «

Einsicht in den (subjektiven) Sinn von Psychosen: Durch die Förderung von eher subjektiven Erklärungs- und Genesungsmodellen sind die Teilnehmenden zu der Auffassung gelangt, dass Psychosen einen Sinn haben, also nicht einem irrationalen oder krankhaften Verhalten oder Erleben entspringen. Psychose sei vielmehr eine von zahlreichen menschlichen Möglichkeiten und Weisen, um mit überbordenden Problemen umzugehen:

» Dieses psychotische Erleben hatte schon irgendeinen Sinn, eine Funktion. Das wurde auch noch mal durch die Gruppe bekräftigt. Dass man dadurch eben auf seine eigene Art und Weise Probleme bewältigt hat. «

» In der damaligen Situation war es so eine Reaktion auf den ganzen Stress, den ich hatte. Und jeder Mensch reagiert anders. Ich habe halt mit so was reagiert, also mit einer Psychose. «

(Wieder-)Aneignung der eigenen Biografie: Durch dieses Vorgehen konnte ein Verständnis dafür entwickelt werden, dass psychotische Erfahrungen unzertrennlich mit der eigenen Lebensgeschichte verknüpft sind. Insofern diente die Gruppe aus Sicht einiger Teilnehmender als eine Art gemeinschaftlicher Reflexionsraum, um Verbindungslinien zwischen der eigenen Geschichte und dem psychotischen Erleben zu ziehen:

» Dass da in der Psychose Sachen passiert sind, die mit meiner Geschichte zu tun haben. Das ist mir durchaus bewusst geworden. Also, dass es nicht losgelöst von meiner Person *einfach irgendwie passiert.* «

» Sich überhaupt mit dem Thema zu beschäftigen, wie es zu der Psychose kam. [...] Vor allem noch mal die Auseinandersetzung mit der eigenen Geschichte. «

Nicht durch Symptome beherrscht werden: Die Wiederaneignung der eigenen Biografie schien die Teilnehmenden dabei zu unterstützen, Kontrolle über ihre eigene Person zurückzugewinnen. In diesem Zusammenhang berichtete eine Teilnehmerin beispielsweise, wie sie die Fähigkeit erlangen konnte, mit nicht stimmigen Überzeugungen umzugehen:

» Ich habe gelernt, dass die anderen meine Gedanken vielleicht doch nicht lesen können. [...] Und wenn ich irgendwas Schräges denke, dann sage ich mir – das merkt eh keine Sau. «

Verarbeitung, Integration und Akzeptanz der Psychoseerfahrung: Im Ergebnis gelang es den Teilnehmenden nicht nur, ein vertieftes Verständnis dafür zu entwickeln, dass die Psychose mit ihnen selbst zusammenhängt. Einige Teilnehmende beschrieben, wie der Gruppenprozess sie dabei unterstützen konnte, ihr »Problem« zu integrieren und zu akzeptieren:

» Weil man eben auch andere gesehen hat, die ähnlich darauf reagiert haben, habe ich mehr akzeptiert, dass es in gewissen Situationen dazu kommen kann. «

In den Ausführungen zweier Teilnehmender wird sprachlich greifbar, inwiefern der Gruppenprozess über die Sitzungen hinauswirkt und dabei Zeit sowie seelische Ressourcen bindet, bis ein erneutes Einordnen oder Beiseitelegen der Erfahrung möglich wird:

» Die Gruppe selbst hat wieder alles hochkommen lassen. Man hat sich noch mal genau erinnert; was ist da passiert, was war das überhaupt? Abschließen kann man eigentlich erst, nachdem das Seminar vorbei ist. Man lässt ein paar Tage vorbeiziehen, bis man das verarbeitet und eingeordnet hat. Dann erst kann man für sich wieder abschließen. «

» Ich habe oft gemerkt, dass es auf mich Auswirkungen hat, dieses Treffen. Immer nachher, also direkt nach diesen Treffen, habe ich mich doch sehr aufgewühlt gefühlt. Da habe ich gemerkt, dass ich etwas mitgenommen habe. Ich habe darüber nachgedacht, was die anderen gesagt haben. «

»Normalisierung«: Ein weiterer Nutzen aus Sicht der Teilnehmenden war der schrittweise Rückgewinn an Normalität und Steuerungsfähigkeit. In den Zitaten wird deutlich, wie diese beiden Aspekte miteinander verknüpft sind. Dabei scheinen die Teilnehmenden unter »Normalität« oder dem »normalen Leben« eher eine neue Art von Selbstbezug zu verstehen, der sich durch die Krankheitserfahrung gewandelt hat. Sie können wieder selbstbestimmter handeln und gewinnen mehr Kontrolle über ihr Leben:

» Für mich war die Gruppe eher so eine Form von Bestätigung. Ich fühle mich wieder – um das Wort ›normal‹ zu nehmen – ein Stück weit normaler. Also nicht von der Krankheit gesteuert. «

» Früher wäre es mir nicht möglich gewesen, in so einer Gruppe zu sitzen. Ich hätte da Todesängste ausgestanden [...]. Das hat mir irgendwie geholfen, wieder ins normale Leben zu finden. «

Ressourcen- statt Defizitorientierung: Schließlich hat die Teilnahme am Gruppenformat einige Personen mit ihren Ressourcen in Verbindung bringen können. Sie scheinen sich wieder stärker auf ihr »funktionierendes« Selbst verlassen zu können, anstelle sich als kranke Person zu begreifen:

» Der Oberbegriff Stigmatisierung war mir wichtig. Also, wie geht man mit seiner eigenen Krankheit um? Und mir war in der Gruppe wichtig, mich selber nicht auf diesen Krankheitsbegriff festzulegen, sondern eher den Weg der Gesundung wieder einzugehen. Also, was ist man denn jetzt? Was spielt da mit rein? Was bleibt? Aber sich dann irgendwie nicht zu verstecken. «

Aufweichung konventioneller Rollen und der Hierarchie

In dieser Kategorie sind diejenigen strukturellen und interaktionalen Besonderheiten des Gruppenformats dargestellt, die aus der Perspektive der Teilnehmenden zu einer Aufweichung konventioneller Rollen und Hierarchien geführt haben. Neben einem Begegnen auf »Augenhöhe« waren hieran sowohl die Genesungsbegleiterin als fester Bestandteil des moderierenden Teams als auch die Tatsache beteiligt, dass alle Moderierenden persönliche Erfahrungen eingebracht haben.

Genesungsbegleiterin im moderierenden Team: Die Anwesenheit der Genesungsbegleiterin wurde von allen Teilnehmenden explizit hervorgehoben, teilweise war dies sogar der ausschlaggebende Grund für den Besuch der Gruppe:

» Dass da jemand teilnimmt, der selber die Erfahrung gemacht hat und das moderiert [...] – das hat mich neugierig gemacht. «

Den Teilnehmenden war die Genesungsbegleiterin mitunter deshalb so wichtig, da sie den Weg vom Krank- zum Gesundsein aus eigener Erfahrung kenne. Dies hatte zur Folge, dass man sich besonders gut verstanden fühlte:

» Dass so eine Person mit dabei war, die halt beide Seiten kennt, ne? Einmal die Krankheitserfahrung, dann aber auch erfolgreiche Umgangserfahrungen gesammelt hat. «

» Sie [die Genesungsbegleiterin] hat da wirklich Sachen gesagt, wo ich denke: Mensch – genau so sehe ich das und genauso habe ich das auch empfunden. «

Vorbild und Identifikationsfigur: Die Teilnehmenden identifizierten sich nicht nur mit der Genesungsbegleiterin. Diese nahm außerdem eine Vorbildfunktion als »lebendiges Beispiel« eines Recoveryprozesses ein. Dabei scheint das Ausmaß an persönlicher Entwicklung, die dieser Prozess beinhaltet, für die Teilnehmenden eine besondere Rolle zu spielen:

» Sodass man denkt: Ja, sie hat's ja auch gepackt und hat das sogar zum Beruf gemacht, quasi. «

» Ich fand es sehr gut, dass eine ehemals Betroffene die Gruppe mit geleitet hat, also dass die einen Sprung gemacht hat von Betroffensein zu *der* Position. «

Die Teilnehmenden konnten von der Genesungsbegleiterin hilfreiche Umgangsstrategien adaptieren, die ihnen in dieser Form durch die Moderierenden ohne explizite Erfahrungsexpertise nicht vermittelt werden konnten:

» Also Frau Wilfer war natürlich für die, die Stimmen hören, Ansprechpartnerin Nummer eins. Um dann auch im Eins-zu-eins-Gespräch danach noch mal zu sagen: Ja, wir versuchen mit diesen Stimmen umzugehen. «

» Ich kann mich daran erinnern, was die Genesungsbegleiterin gesagt hat [...]. Ich weiß nicht, ob sie heute noch welche hört, aber als sie Stimmen gehört hat, fragte sie sich dann immer, was sie noch nicht hat loslassen können. Das fand ich ziemlich bemerkenswert, weil das auch für mich *das* Kriterium gewesen ist. «

Aufweichung konventioneller Rollen und der Hierarchie: Die Diversität des moderierenden Teams schien für die Teilnehmenden einen ungewohnten und abwechslungsreichen Austausch zu ermöglichen:

» Ich fand eben gut, dass die, die das geleitet haben, so eine Mischung waren, also eben ein Arzt, ein Pfleger und eine Betroffene. «

Besonders befürwortet wurde von den Teilnehmenden, dass vom moderierenden Team eine paternalistische ärztliche Haltung aufgegeben wurde. Dies wurde von den Teilnehmenden vielfältig angemerkt, die den Gebrauch einer alltagsweltlichen anstelle einer medikalisierten, also von medizinischen Begriffen und Kategoriensystemen (wie Diagnosen) geprägten Sprache sowie eine Kommunikation auf Augenhöhe beschrieben:

» Also ich fand es immer was Besonderes im Gegensatz zu einer reinen Selbsthilfegruppe, dass ein Arzt sich tatsächlich hier mit in die Runde setzt und *normal* mit einem kommuniziert. «

» So gleichwertig: Es war nicht so ein Arzt, der ganz oben steht und die Teilnehmenden sind nicht wichtig – so überhaupt nicht. Man hat sich auf Augenhöhe getroffen, fand ich. «

» Nicht so von oben herab, ne? – Von jemandem, der außen steht und sagt: ›So, jetzt treffen wir uns mal, Kindchen. Wir können mal was austauschen und Notizen machen. – Aha, das könnte ich vielleicht in meiner nächsten Publikation verwenden. Interessant, interessant!‹ [lacht] Und so, ne? Sondern es wirkt irgendwie menschlicher, wenn jemand, der das selber erlebt hat, auch mit moderiert. «

Auch die Sitzposition des moderierenden Teams wirkte sich positiv auf die sonst häufig übliche Distanz von Profis und Betroffenen in Gruppensettings aus:

» Wir haben uns in einen Kreis gesetzt – das war eigentlich nichts Besonderes. Aber das Gute daran war, dass die Betreuer und die Patienten sich nicht abgeschottet, sondern sich *zusammen*gesetzt haben. Es war eigentlich eine ganz entspannte Atmosphäre. «

Einbringen persönlicher (Krisen- oder Psychose-)Erfahrungen des moderierenden Teams: Dadurch, dass sich die Mitglieder des moderierenden Teams stark als Personen einbrachten – sei es durch Berichte eigener Krisenerfahrungen oder durch die Rolle als Genesungsbegleiterin –, entstand eine Nähe zwischen ihnen und den Teilnehmenden. Die Moderierenden wurden als besonders zugänglich und ansprechbar erlebt. Begünstigt wurde dies, indem die Moderierenden ihre Haltung in Hinsicht auf das (eigene) psychiatrische Handeln selbstkritisch reflektierten.

» Also, das war wahrscheinlich genauso gewollt, dass sich die Betreuungspersonen irgendwo dazwischensetzen und – das war ja das Lustige – dass der Doktor dann auch gesagt hat: ›Ja, mir geht's heute gut!‹ [lacht] Der hat so richtig mitgemacht, alles!«

» Und auch der andere Moderator hat viele Erfahrungen, die ich *auch* wichtig finde, und er hat trotzdem eine kritische Haltung, obwohl er ewig in diesem Laden arbeitet – und das bringt was rein. «

Wechselseitiges Lernen: Außerdem führte das Einbringen der Krisenerfahrung vonseiten des moderierenden Teams zu einem wechselseitigen Lernprozess, von dem auch die Moderierenden selbst zu profitieren schienen. Demnach trugen *beide* »Seiten« etwas bei und nahmen etwas mit. Diese Verteilung und Vermittlung von Wissen – sei es Erfahrungs- oder Fachwissen – wurde von den Teilnehmenden als äußerst ausgeglichen innerhalb der Gruppe erlebt:

» Es war jetzt nicht so, dass die [vom moderierenden Team] das Wissen hatten und wir nicht. Sondern es war so eine gute Balance. «

» Wenn man respektvoll und sensibel – egal mit wem – umgeht, dann kann man immer etwas lernen. Beidseitig. Die Erfahrenen von den Nicht-Erfahrenen und umgekehrt [...]. Deswegen war das ja auch so dicht, fand ich. «

» Ich bin nicht nur Bittsteller, sondern es ist immer ein Geben und Nehmen. Also, meine Therapeutin lernt auch von mir, wenn ich aus meinem Leben erzähle. Das ist dann für sie vielleicht auch was Neues [...]. Und in der Gruppe hier ist das genauso: Herr Dr. von Peter, Herr Gervink und Frau Wilfer haben auch von *uns* etwas gelernt, [...] was irgendwie so ein Zubrot oder Mehrwert [für sie] gebracht hat. «

Mut und hoffungsvolle Perspektive: Neben diesen direkten Auswirkungen beschrieben die Teilnehmenden auch einen längerfristigen Nutzen, der aus der Aufweichung von Rollen und Hierarchien resultierte. Die Genesungsbegleiterin schien auf vielfältige Weise dazu beigetragen zu haben, dass die Teilnehmenden gestärkt aus der Gruppe hervorgingen. In ihren Äußerungen ist häufig von »Mut« und einer »hoffungsvollen Perspektive« auf ein selbstbestimmtes Leben – ohne Medikamente – und eine positive Entwicklung nach Abklingen der Erkrankung die Rede:

» So herzlich und offen, wie die Genesungsbegleiterin rüberkommt und auch über sich und ihre Erfahrungen spricht [...]. Ich glaube, sie hat hier nicht eine Sitzung verbracht, in der sie nicht mindestens einmal herzlich gelacht hat. Und das macht einfach unheimlich Mut. «

» Zu sehen, dass die Betroffene auch wieder gearbeitet und die Krankheit so hinter sich gelassen hat – das hat Mut gemacht auf jeden Fall. Also, dass es nicht sein muss, dass man ständig irgendwie psychotisch wird, wenn man das einmal hatte. «

» Dass sie [die Genesungsbegleiterin] eben auch abgesetzt hat und dann nicht mehr Psychopharmaka nehmen musste. Das hat mir auch Mut gemacht. «

» Ich habe so ein bisschen mehr Mut gekriegt, rauszugehen und ein bisschen was zu ändern in meinem Leben – da hat mir die Gruppe bei geholfen. «

Vertrauensvolle Beziehung zum Personal: Das moderierende Team, das die Teilnehmenden bisher nur aus klinischen Settings oder ambulanten Kurzkontakten kannte, konnte im Rahmen der Gruppe außerdem noch einmal »anders« kennengelernt werden. So wurde beispielsweise der Psychiater des moderierenden Teams, dessen Aufmerksamkeit während anderer Kontakten üblicherweise auch an Routineaufgaben wie Dokumentation gebunden ist, in der Gruppe als stärker anwesend und ansprechbar statt unnahbar erlebt. Dadurch schien sich die Qualität der therapeutischen Beziehung nachhaltig vertieft und gefestigt zu haben:

» Wenn ich bei Ihnen [im Arztzimmer] sitze und sehe, dass Sie mitschreiben [mimt Tippen auf einer Tastatur nach], und ich dann mittlerweile halt trotzdem meine Sachen erzähle, weil ich weiß, das interessiert Sie. [...] Durch den Kontakt hier [in der Gruppe] verstehe ich Sie noch einmal anders und traue mich auch eher, mit Problemen herzukommen als vorher. «

Ergebnisse der quantitativen Untersuchung

Die Gesamtskalen und Subskalen haben wir ausgewertet, indem wir die Mittelwerte der einzelnen Skalenpaare vor und nach Teilnahme an der Gruppe miteinander verglichen haben. Die Ergebnisse möchten wir im Folgenden kurz darstellen.

Internalisiertes Stigma

Sowohl bei der Gesamtskala der ISMI als auch bei der Stigmaresistenz-Subskala zeigte sich ein signifikanter Unterschied zwischen der Messung vor und nach Teilnahme an dem Gruppenformat Lebenswege. Tabelle 2 fasst die Ergebnisse der statistischen Analyse zusammen. Bei der ISMI-Gesamtskala ist ein höherer Wert mit mehr internalisiertem Stigma verbunden, bei der Stigmaresistenz-Skala bedeutet ein höherer Wert eine höhere Immunität gegen Stigmatisierung. Die *positive Differenz* der Mittelwerte der ISMI-Gesamtskala bedeutet, dass die Befragten nach der Gruppenteilnahme insgesamt weniger Stigma ins eigene Selbstbild integrierten als zuvor. Die *negative*

Differenz der Mittelwerte der Stigmaresistenz-Subskala zeigt, dass die Befragten nach der Teilnahme an der Lebenswege-Gruppe insgesamt widerstandsfähiger gegenüber Stigmatisierung waren.

TABELLE 2 Ergebnisse des t-Tests für abhängige Stichproben im Internalized Stigma of Mental Illness Scale (ISMI) und ihrer Stigmaresistenz-Subskala (n = 21)

Skalenpaare (vor – nach Teilnahme)	Differenz der Mittelwerte	Standardabweichung	Signifikanz (p-Wert)
ISMI (gesamt)	8,000	7,642	0,000
Stigmaresistenz	–1,762	3,113	0,017

Recoveryorientierung

Die statistische Analyse der RAS-Ergebnisse ergab für die Gesamtskala und für vier der insgesamt fünf Subskalen (»Persönliche Zuversicht und Hoffnung«, »Ziel- und Erfolgsorientierung«, »Sichverlassen auf andere« und »Nicht-beherrscht-Werden durch Symptome«) einen signifikanten Unterschied der Mittelwerte.

Auf allen Skalen der RAS bedeutet ein *höherer Wert* ein Mehr an Recoveryorientierung. Bei allen fünf genannten Skalen ist die Differenz der gepaarten Mittelwerte negativ. Das heißt, die Teilnahme an der Gruppe hat bei den Befragten zu insgesamt mehr Recoveryorientierung in ihrem Leben geführt, sie hatten nach ihrer Teilnahme mehr Hoffnung als zuvor, waren zuversichtlicher, dass sie genesen, und ziel- und erfolgsorientierter. Sie haben sich mehr auf andere verlassen und gaben an, weniger durch ihre Symptome beherrscht zu werden. Für die Subskala »Bereitschaft, Hilfe zu suchen« ergab die Analyse keinen signifikanten Unterschied der Mittelwerte. Tabelle 3 zeigt die wichtigsten Ergebnisse der statistischen Analyse.

TABELLE 3 Ergebnisse des t-Tests für abhängige Stichproben in der Recovery Assessment Scale (RAS) und seinen Subskalen (n = 21)

Skalenpaare (vor – nach Teilnahme)	Differenz der Mittelwerte	Standardabweichung	Signifikanz (p-Wert)
RAS (gesamt)	–7,810	9,352	0,001
Persönliche Zuversicht und Hoffnung	–2,333	3,136	0,003
Bereitschaft, Hilfe zu suchen	0,238	1,895	0,571
Ziel- und Erfolgsorientierung	–2,048	2,991	0,005
Sichverlassen auf andere	–1,524	1,990	0,002
Nicht-beherrscht-Werden durch Symptome	–1,524	2,316	0,007

Diskussion

Insbesondere in den Äußerungen der Teilnehmenden werden die vielfältigen Auswirkungen sichtbar, die das recoveryorientierte Gruppenformat entfalten konnte. Dies wird auch an den Ergebnissen der Fragebogenerhebungen deutlich, die die Erfahrungen der Teilnehmenden ergänzen und bestätigen. Auf Grundlage dieser Ergebnisse und unter Berücksichtigung der theoretischen Literatur wurde ein Wirkmodell für recoveryorientierte Gruppenformate für Menschen mit Psychoseerfahrungen entwickelt (siehe Abbildung 2, S. 116–117). Dieses Modell soll im Folgenden vorgestellt und in Zusammenschau mit den Studienergebnissen diskutiert werden.

Das Wirkmodell beruht auf der Grundannahme, dass sich die Aussagen der Teilnehmenden darüber, was sie als hilfreich erlebt haben (»Wirkfaktoren«), mit kurz- oder langfristigen Nutzen (»mediierende

ABBILDUNG 2 Wirkmodell eines recoveryorientierten Gruppenformats

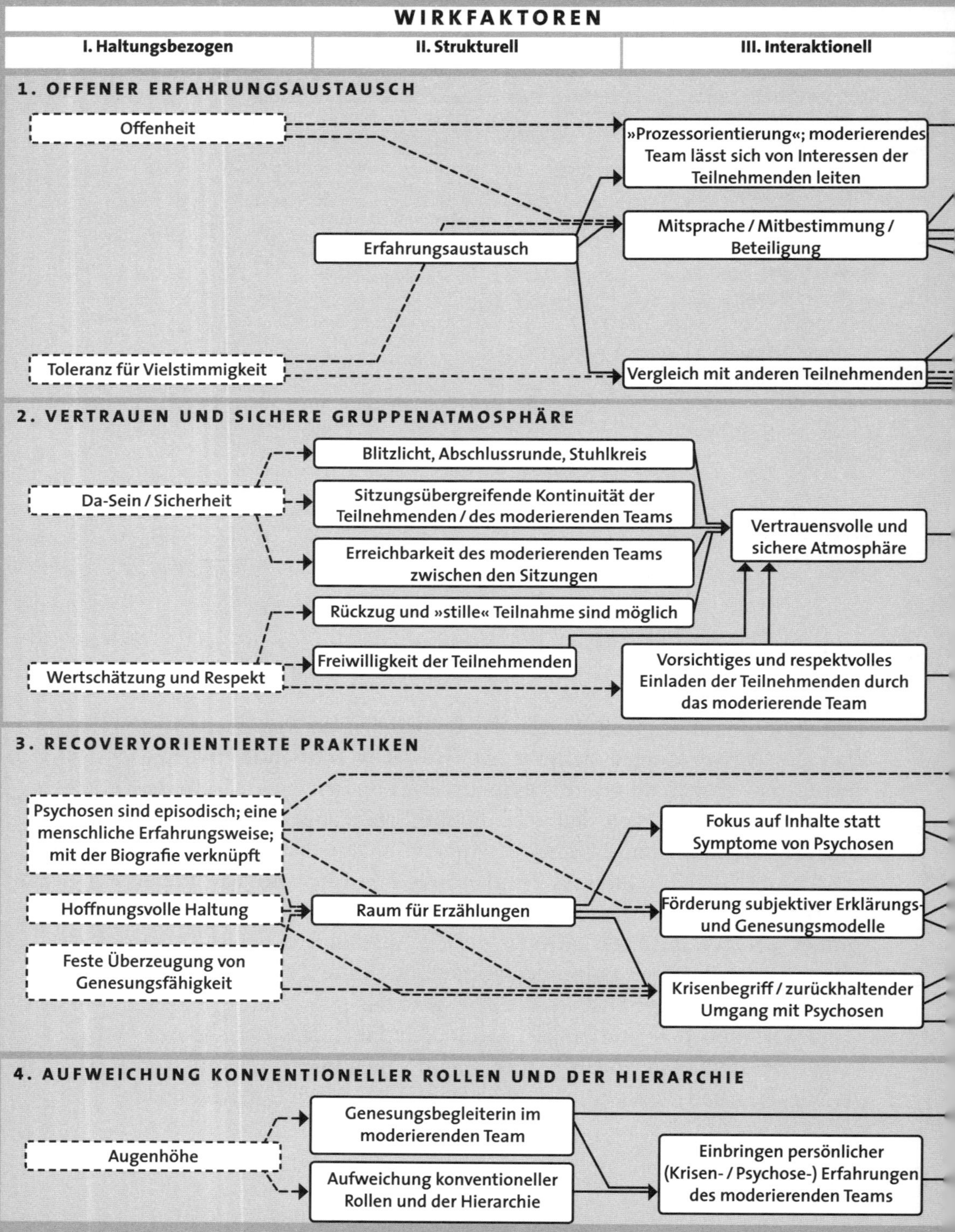

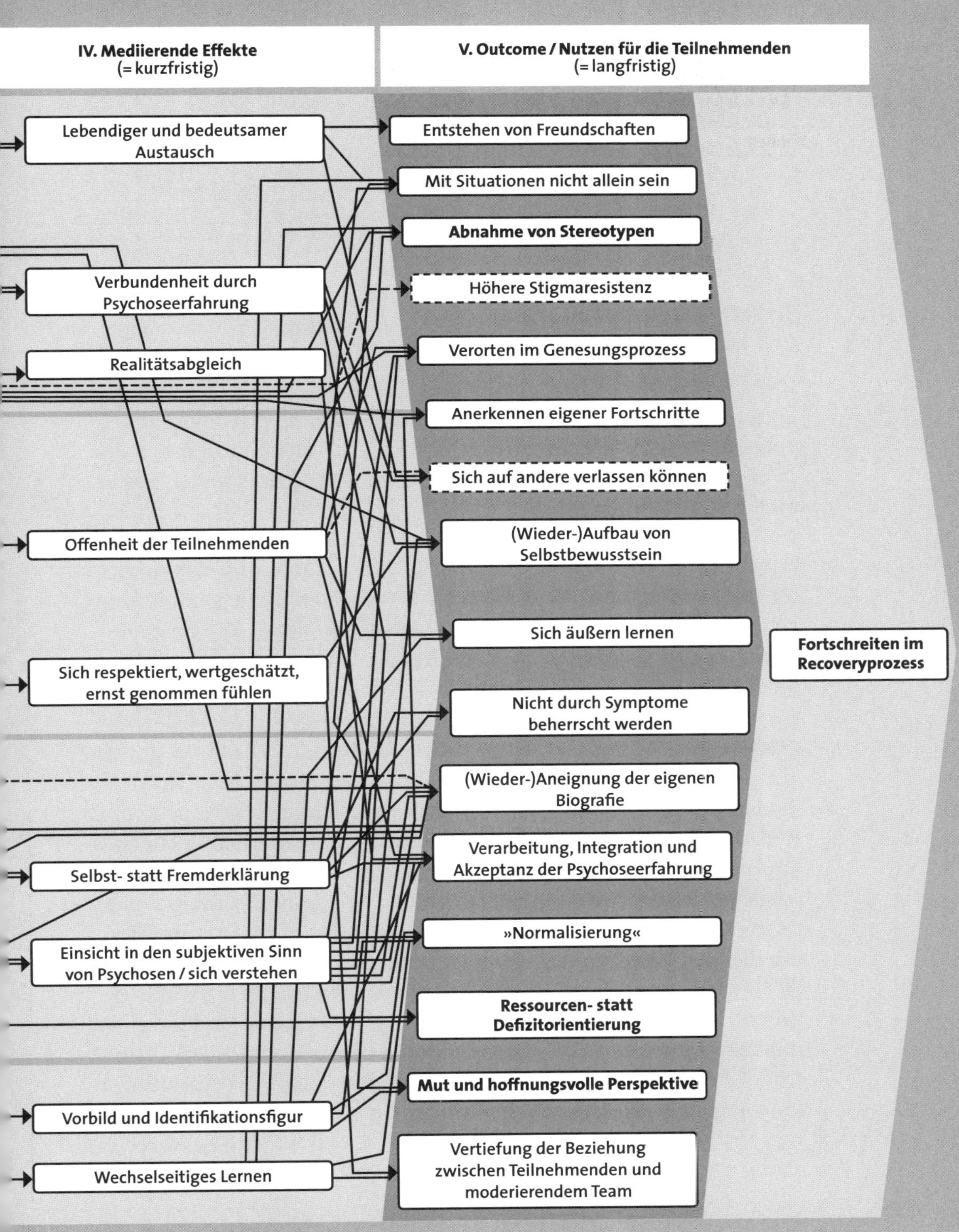

IV. Mediierende Effekte
(= kurzfristig)
V. Outcome / Nutzen für die Teilnehmenden
(= langfristig)
Lebendiger und bedeutsamer Austausch
Verbundenheit durch Psychoseerfahrung
Realitätsabgleich
Offenheit der Teilnehmenden
Sich respektiert, wertgeschätzt, ernst genommen fühlen
Selbst- statt Fremderklärung
Einsicht in den subjektiven Sinn von Psychosen / sich verstehen
Vorbild und Identifikationsfigur
Wechselseitiges Lernen
Entstehen von Freundschaften
Mit Situationen nicht allein sein
Abnahme von Stereotypen
Höhere Stigmaresistenz
Verorten im Genesungsprozess
Anerkennen eigener Fortschritte
Sich auf andere verlassen können
(Wieder-)Aufbau von Selbstbewusstsein
Sich äußern lernen
Nicht durch Symptome beherrscht werden
(Wieder-)Aneignung der eigenen Biografie
Verarbeitung, Integration und Akzeptanz der Psychoseerfahrung
»Normalisierung«
Ressourcen- statt Defizitorientierung
Mut und hoffnungsvolle Perspektive
Vertiefung der Beziehung zwischen Teilnehmenden und moderierendem Team
Fortschreiten im Recoveryprozess

Effekte« und »Outcomes«) verknüpfen lassen. Zu diesem Zweck wurden die in der qualitativen Analyse gebildeten (Unter-)Kategorien den vertikalen Achsen des Wirkmodells (»Wirkfaktoren«, »Effekte« und »Outcomes«) zugeordnet und entsprechend ihrer jeweiligen Sinnzusammenhänge miteinander verbunden. Anschließend wurde das Gruppenformat im Hinblick auf relevante Wirkfaktoren angeschaut. Die quantitativen Ergebnisse wurden nach relevanten Outcomes durchsucht und entsprechend im Wirkmodell berücksichtigt (weitere Hinweise zur Methode siehe S. 87).

Strukturelle, interaktionale und haltungsbezogene Wirkfaktoren

Betrachtet man die in den qualitativen Ergebnissen enthaltenen Wirkfaktoren, so wird deutlich, dass sich diese in drei Qualitäten untergliedern lassen: In dem Modell finden sich Wirkfaktoren auf der strukturellen Ebene, der interaktionellen oder prozessualen Ebene und auf der Haltungsebene.

Strukturelle Wirkfaktoren: Diese Wirkfaktoren beziehen sich überwiegend auf entweder materiell-räumliche oder organisatorische Voraussetzungen für recoveryorientierte Gruppenarbeit. Dazu gehören zum Beispiel die Anordnung der Anwesenden im Stuhlkreis, die gleichbleibende Zusammensetzung der Teilnehmenden (und Moderierenden) oder auch die Anwesenheit einer Genesungsbegleiterin oder eines Genesungsbegleiters im moderierenden Team.

Interaktionale Wirkfaktoren: Diese Gruppe an Wirkfaktoren bezieht sich auf prozess-, handlungs- und interaktionsbezogene Besonderheiten des Gruppenformats. Beispiele sind das »vorsichtige und respektvolle Einladen der Teilnehmenden durch das moderierende Team« oder die »Fokussierung auf Inhalte, statt auf Symptome von Psychosen«.

Haltungsbezogene Wirkfaktoren: Bei Sichtung des Gruppenformats wurde deutlich, dass die beiden vorgenannten Qualitäten nicht ausreichen, um die Wirkfaktoren des Gruppenformats in Gänze zu beschreiben. Denn es sind nicht nur explizit sichtbare strukturelle oder interaktionale Besonderheiten, die in dem Format wirken, sondern auch implizite Motive, wie die innere Haltung des moderierenden Teams. Damit beispielsweise ein »lebendiger und bedeutsamer Austausch« (mediierender Effekt) entsteht kann, muss das »moderierende Team sich von den Interessen der Teilnehmenden leiten lassen« (interaktionaler Wirkfaktor).

Diese Bereitschaft ist nicht als bloße Interaktion zu denken, die eine Moderatorin oder ein Moderator »technisch« anwenden kann oder nicht. Sie setzt etwas viel Umfassenderes voraus, nämlich ein Gespür dafür, an welcher Stelle es angebracht ist, lenkend in den sich entwickelnden Erfahrungsaustausch einzugreifen – oder eben nicht. Wenn beispielsweise die Diskussion droht, jenseits des roten Fadens »stecken zu bleiben«, oder wenn der Dialog zweier Teilnehmenden überhandnimmt, ist ein freundliches Eingreifen wichtig. Dieses Grundvertrauen, Gespür und die Erfahrung, die hier vonseiten der Moderierenden erwartet wird, lässt sich aus unserer Sicht am ehesten mit einer Haltung beschreiben, die »Offenheit« (haltungsbezogener Wirkfaktor) zulässt. Dabei zeigen sowohl die Erfahrungen des moderierenden Teams als auch die Äußerungen der Teilnehmenden, dass der Erfahrungsaustausch in der Gruppe ein überwiegend selbstregulativer Prozess ist, der nur an wenigen Stellen ein Intervenieren oder »Einlenken« der Moderierenden bedarf.

Analog zu dem Wirkfaktor »Offenheit« wurden weitere haltungsbezogene Wirkfaktoren aus dem Gruppenformat extrahiert und in dem Wirkmodell berücksichtigt (siehe Abbildung 2, S. 116–117). Der interaktionale Wirkfaktor »vorsichtiges und respektvolles Einladen durch das moderierende Team« erfordert beispielsweise wiederum »Wertschätzung und Respekt« (haltungsbezogener Wirkfaktor) vonseiten der Moderierenden. Zusammenfassend stellen die haltungsbezogenen Wirkfaktoren sozusagen das Fundament für die interaktionalen und strukturellen Wirkfaktoren.

Mediierende Effekte

Mit Fragen nach dem kurz- oder langfristigen Nutzen des Gruppenformats sollten die von den Teilnehmenden wahrgenommenen Effekte und Outcomes sichtbar gemacht werden. Die kurzfristigen Effekte wurden als »mediierend« bezeichnet, weil sie eine vermittelnde Stellung zwischen Wirkfaktoren und Outcomes einnehmen. Der interaktionale Wirkfaktor »Vergleich mit anderen Teilnehmenden« führt beispielsweise zu einem Gefühl von »Verbundenheit durch die Psychoseerfahrung« (mediierender Effekt). Hierdurch kann wiederum

ein »Mit-der-Situation-nicht-allein-Sein« (Outcome = langfristiger Effekt) entstehen.
Die Rolle der mediierenden Effekte soll auch anhand eines anderen Beispiels verdeutlicht werden: Eine »vertrauensvolle und sichere Atmosphäre, die Offenheit bei den Teilnehmenden schafft«, beruht aus verschiedenen überwiegend strukturellen Wirkfaktoren. Dabei entsteht ein »Schutzraum«, der die Teilnehmenden befähigt, Lernerfahrungen zu machen. Eine solche Lernerfahrung ist das Aussprechen bisher unversprachlichter Inhalte, wie zum Beispiel von psychotischen Erfahrungen, vor anderen Personen, das den »(Wieder-)Aufbau von Selbstbewusstsein« (Outcome) zur Folge hatte.
Zusammenfassend beschreiben die mediierenden Effekte Aspekte, die sich innerhalb einer oder mehrerer Sitzungen einstellen und überwiegend so lange wirken, wie die Gruppe Bestand hat.

Outcomes

Die im Wirkmodell mit Outcomes oder Nutzen bezeichnete Achse stellt vor allem Ergebnisse von Lern- und Auseinandersetzungsprozessen dar, die die Teilnehmenden während der Gruppensitzungen durchlaufen haben. Diese Ergebnisse sind äußert vielfältig. Sie umfassen Erkenntnisgewinne wie die »Verarbeitung, Integration und Akzeptanz der Psychoseerfahrung«, Positionsveränderungen wie den »Mut« und die »hoffnungsvolle Perspektive« oder Zustandsveränderungen wie das »Nicht-durch-Symptome-beherrscht-Werden« und schließlich auch konkrete Auswirkungen auf soziale Beziehungen wie das »Entstehen von Freundschaften«.
An dieser Stelle kommt auch der Mixed-Methods-Ansatz zum Tragen: Methodenübergreifend zeigte sich während der vergleichenden Analyse der qualitativen und quantitativen Daten eine Reihe von Übereinstimmungen der Outcomes, zum Beispiel in Bezug auf die Effekte »Abnahme von Stereotypen« sowie »Mut und hoffnungsvolle Perspektive«. Diese sich gegenseitig bestätigenden Effekte wurden im Wirkmodell hervorgehoben, auch wenn es sich bei der standardisierten Befragung nur um eine Pilotuntersuchung mit einer geringen Anzahl von Befragten und einer nur eingeschränkten Fragebatterie gehandelt hat. Neben diesen empirisch »doppelt« gesicherten Outcomes wurden auch die übrigen quantitativen Befunde in das Modell

integriert. Hierzu gehören die Effekte »höhere Stigmaresistenz« und das »Sich-auf-andere-verlassen-Können«.

Begrenzungen

Eine zentrale Einschränkung der vorliegenden Studie ist ihre starke Kontextgebundenheit. So beruhen die Ergebnisse auf Erhebungen, die an nur einem Standort durchgeführt wurden. Die Reproduzierbarkeit verringert sich darüber hinaus durch die Tatsache, dass alle eingeschlossenen Gruppendurchläufe von ein und demselben moderierenden Team durchgeführt wurde.
Die qualitativen Analysen wurden zunächst von den Psychologie-Studentinnen und dann von den zwei Autoren dieses Buchkapitels durchgeführt, die »klinische Forschende« sind. Eine Verifizierung der Analysen durch eine Forscherin mit eigener Psychiatrieerfahrung ist noch nicht erfolgt. Diese ist noch notwendig, um dem Risiko von falschen Vorannahmen durch die Anwendung einer ausschließlich ärztlich-klinischen Perspektive entgegenzuwirken.
Außerdem wurden die Teilnehmenden der qualitativen Interviews nicht über ihr Verständnis von Recovery befragt. Stattdessen wurde vorausgesetzt, dass das, was von den Teilnehmenden als wirksam oder hilfreich im Gruppenformat erlebt wurde, sich ebenfalls förderlich auf ihren Recoveryprozess auswirkt.
Und schließlich ist das Wirkmodell des Gruppenformats nur eine erste Version. Eine Generalisierung auf andere Kontexte sowie die weitere Integration oder Verdichtung der einzelnen Aspekte und Effekte stehen noch aus. Wir würden uns daher über weitere recoveryorientierte Gruppenformate und Austausch freuen!

Zusammenfassung und Schlussfolgerungen

In der vorliegenden Begleitforschung wurde ein recoveryorientiertes Gruppenformat aus Sicht der Teilnehmenden evaluiert. Im Zentrum der Untersuchung stand die Frage nach dem »Was hilft?« (Wirkfaktoren) und »Was hilft wozu?« (Outcomes). Die Ergebnisse, die in Form eines Wirkmodells elaboriert wurden, machen die Komplexität von Recoveryinterventionen sichtbar. Durch das Modell wird nachvollziehbarer, welche haltungs-, struktur- und interaktionsbezogenen

Aspekte bei der Implementierung von recoveryorientierten Gruppenformaten für Menschen mit Psychoseerfahrungen zu beachten sind. Insofern stellt die vorliegende Untersuchung einen wichtigen Beitrag auf die drängende Frage dar, wie sich eine Recoveryorientierung der gruppentherapeutischen Arbeit umzusetzen lässt, wo doch erst in Ansätzen Konsens darüber besteht, was (persönliche oder soziale) Recovery bedeutet. Wir hoffen dahin gehend, ein paar brauchbare Einsichten geliefert zu haben.

Literatur

Aderhold, V.; Alanen, Y. O.; Hess, G.; Hohn, P. (Hg.) (2003): Psychotherapie der Psychosen. Integrative Behandlungsansätze aus Skandinavien. Gießen: Psychosozial-Verlag.

Amering, M.; Hofer, H.; Rath, I. (2002): The »First Vienna Trialogie« – experiences with a new form of communication between users, relatives and mental health professionals. In Lefley, H.; Johnson, D. (Hg.): Family interventions in mental illness. Westport, London: Praeger, S. 105–124.

Amering, M.; Schmolke, M. (2012): Recovery. Das Ende der Unheilbarkeit. Köln: Psychiatrie Verlag.

Amering, M.; Sibitz, I.; Gössler, R.; Katschnig, H. (2002): Wissen – genießen – besser leben. Ein Seminar für Menschen mit Psychoseerfahrung. Köln: Psychiatrie Verlag.

Bock, T. (2014): Eigensinn und Psychose. Unkooperative Patienten als Gradmesser der therapeutischen Qualität. In: Bock, T.; Dörner, K.; Naber, D. (Hg.): Anstöße. Zu einer anthropologischen Psychiatrie. Köln: Psychiatrie Verlag, S. 274–281.

Bock, T.; Heumann, K. (2015): Psychoedukation ist ein überholtes paternalistisches Konzept – Pro. In: Psychiatrische Praxis, 42 (6), S. 296–297.

Bock, T.; Priebe, S. (2005): Psychosis seminars: an unconventional approach. In: Psychiatric Services, 56 (1), S. 1441–1443.

Bracken, P.; Thomas, P. (2005): Postpsychiatry. Mental health in a postmodern world. Oxford: Oxford University Press.

Burr, C.; Schulz, M.; Winter, A.; Zuaboni, G. (Hg.) (2013): Recovery in der Praxis. Voraussetzungen, Interventionen, Projekte. Köln: Psychiatrie Verlag.

Campbell-Orde, T.; Chamberlin, J.; Carpenter, J.; Leff, S. (2005): Measuring the promise: a compendium of recovery measures. Cambridge: Cambridge University Press.

Chen, H. T. (2014): Practical Program Evaluation. Thousand Oak: Sage.

Corrigan, P. W.; Salzer, M.; Ralph, R. O.; Sangster, Y.; Keck, L. (2004): Examining the factor structure of the recovery assessment scale. In: Schizophrenia Bulletin, 30 (4), S. 1035–1041.

Deegan, P. (2005): Recovery as a Journey of the Heart. In: Davidson, L.; Harding, C.; Spaniol, L. (Hg.): Recovery from severe mental illnesses: research evidence and implications for practice. Vol. 1. Boston: Center for Psychiatric Rehabilitation, Trustees of Boston University, S. 57–68.

Deegan, P. (2013): Ohne Hoffnung gibt es kein Recovery! In: Burr, C.; Schulz, M.; Winter, A.; Zuaboni, G. (Hg.): Recovery in der Praxis. Voraussetzungen, Interventionen, Projekte. Köln: Psychiatrie Verlag, S. 15–21.

Gillard, S.; Gibson, S. L.; Holley, J.; Lucock, M. (2015): Developing a change model for peer worker interventions in mental health services: a qualitative research study. In: Epidemiology and Psychiatric Sciences, 24 (5), S. 435–445.

Heumann, K.; Schmid, C.; Wilfer, A.; Bolkan, S.; Mahlke, C.; Peter, S. von (2019): Kompetenzen und Rollen(-erwartungen) von Genesungsbegleitern in der psychiatrischen Versorgung – Ein partizipativer Forschungsbericht. In: Psychiatrische Praxis, 46 (1), S. 34–40.

Holzinger, A.; Kilian, R.; Lindenbach, I.; Petscheleit, A.; Angermeyer, M. C. (2003): Patients' and their relatives' causal explanation of schizophrenia. In: Social Psychiatry and Psychiatric Epidemiology, 38 (3), S. 155–162.

Ikehata, H.; Samaras, A.; Wilfer, A.; Gervink, A.; Wörmann, D.; Reinhardt, U.; Mahler, L.; Peter, S. von (2015): Recovery-Orientierung in der Psychoedukation – zwei Versuche einer Umsetzung. In: Psychiatrische Praxis, 42 (6), S. 320–327.

Klimitz, H. (2006): Psychoedukation bei schizophrenen Störungen – Psychotherapie oder »Unterwanderung«? In: Psychiatrische Praxis 33 (8), S. 372–382.

Lehmann, P. (2013): Recovery: Ein neuer Etikettenschwindel in der Psychiatrie? In: Burr, C.; Schulz, M.; Winter, A.; Zuaboni, G. (Hg.): Recovery in der Praxis. Voraussetzungen, Interventionen, Projekte. Köln: Psychiatrie Verlag, S. 48–67.

Lempa, G.; Haebler, D. von; Montag, C. (2017): Psychodynamische Psychotherapie der Schizophrenien. Ein Manual. Gießen: Psychosozial Verlag.

Lipp, M.; Sibitz, I.; Amering, M. (2012): Deutsche Übersetzung der Recovery Assessment Scale, 24- Items-Version. Wien: Medizinische Hochschule Wien.

Mahlke, C.; Krämer, U. M.; Becker, T.; Bock, T. (2014): Peer support in mental health services. In: Current Opinion in Psychology, 27 (4), S. 276–281.

Mentzos, S. (Hg.) (2000): Psychose und Konflikt. Göttingen: Vandenhoeck & Ruprecht.

Mey, G.; Mruck, K. (Hg.) (2011): Grounded Theory Reader. Wiesbaden: VS Verlag für Sozialwissenschaften.

Olson, M.; Seikkula, J.; Ziedonis, D. (2014): The key elements of dialogic practice in open dialogue: fidelity criteria. https://medschool.ucsd.edu/som/psychiatry/research/open-dialogue/Documents/keyelementsv1.109022014.pdf (25.02.2019).

Peter, S. von (2017): Partizipative und kollaborative Forschungsansätze in der Psychiatrie. In: Psychiatrische Praxis, 44 (8), S. 431–443.

Peter, S. von; Schwedler, H.-J.; Amering, M.; Munk, I. (2015): »Diese Offenheit muss weitergehen«. Wie erleben Psychiatrieerfahrene, Angehörige und Professionelle den Trialog? In: Psychiatrische Praxis; 42 (7), S. 384–391.

Priebe, S.; Burns, T.; Craig, T. K. J. (2013): The future of academic psychiatry may be social. In: The British Journal of Psychiatry, 202 (5), S. 319–320.

Ridgeway, P. (2001): Restorying psychiatric disability: learning from first person recovery narratives. In: Psychiatric Rehabilitation Journal, 24 (4), S. 335–343.

Ritsher, J. B.; Otilingam, P. G.; Grajales, M. (2003): Internalized stigma of mental illness: psychometric properties of a new measure. In: Psychiatry Research, 121 (1), S. 31–49.

Salzer, M. S.; Brusilovskiy, E. (2014): Advancing recovery science: reliability and validity properties of the Recovery Assessment Scale. In: Psychiatric Services, 65 (4), S. 442–453.

SCHMIDT, F. (2012): Nutzen und Risiken psychoedukativer Interventionen für die Krankheitsbewältigung bei schizophrenen Erkrankungen. Köln: Psychiatrie Verlag.

SIBITZ, I.; FRIEDRICH, M. E.; UNGER, A.; BACHMANN, A.; BENESCH, T.; AMERING, M. (2013): Internalisiertes Stigma bei Schizophrenie: Validierung der deutschen Version der Internalized Stigma of Mental Illness-Skala (ISMI). In: Psychiatrische Praxis, 40 (2), S. 83–91.

SLADE, M. (2009): Personal recovery and mental illness. A guide for mental health professionals. Cambridge: Cambridge University Press.

STERN, D. N. (2005): Der Gegenwartsmoment. Veränderungsprozesse in Psychoanalyse, Psychotherapie und Alltag. Frankfurt am Main: Brandes & Appel.

STRAUSS, A.; CORBIN, J. (1996): Grounded Theory: Grundlagen Qualitativer Sozialforschung. Weinheim: Beltz.

UTSCHAKOWSKI, J.; SIELAFF, G.; BOCK, T.; WINTER, A. (Hg.) (2016): Experten aus Erfahrung. Peerarbeit in der Psychiatrie. Köln: Psychiatrie Verlag.

WALKER, G.; BRYANT, W. (2013): Peer support in adult mental health services: a metasynthesis of qualitative findings. In: Psychiatric Rehabilitation Journal, 36 (1), S. 28–34.

Michaela Amering, Margit Schmolke
Recovery
Das Ende der Unheilbarkeit
Fachwissen, 5.,
überarbeitete Auflage 2012,
432 Seiten
30,00 €, ISBN Print: 978-3-88414-540-1
Auch als E-Book erhältlich.

Neuere Daten der Verlaufsforschung belegen, dass ein erfülltes Leben mit Schizophrenie möglich ist. Statt sich auf jenes Drittel der Schizophrenie-Patienten zu konzentrieren, das lebenslang mit Symptomen umgehen muss, richten die Autorinnen den Blick auf von Betroffenen initiierte Genesungskonzepte. Dieses Buch bietet einen guten Überblick über die Unterstützungsmöglichkeiten und die trialogische Zusammenarbeit zwischen Betroffenen, Professionellen und Angehörigen.

Michael Schulz, Gianfranco Zuaboni (Hg.)

Die Hoffnung trägt

Psychisch erkrankte Menschen und ihre Recoverygeschichten

BALANCE erfahrungen,

1. Auflage 2014, 192 Seiten

25,00 €, ISBN Print: 978-3-86739-090-3

Auch als E-Book erhältlich.

Gehen Sie mit auf die Recoveryreise! Der eindrucksvolle Bildband richtet den Blick auf die Stärken und Ressourcen der Menschen und ihre Fähigkeit, sich selbst zu helfen. Hier berichten psychisch erkrankte Menschen von ihren Hoffnungen, Enttäuschungen und von den Momenten, in denen es unerwartet doch weiter ging. Allen gemeinsam ist die Entschlossenheit, nicht aufzugeben. Jede Geschichte schließt mit einer kurzen Zusammenfassung, was den Autorinnen und Autoren ganz persönlich bei ihrer Genesung geholfen hat. Das Fazit: Recovery ist immer möglich und immer einzigartig!

Psychiatrie Verlag

Telefon 0221 167989-0, Fax 0221 167989-20,
E-Mail: verlag@psychiatrie.de, Internet: www.psychiatrie-verlag.de